中华文化风采录

丰富民俗文化

民间的
欢聚

王 丽 编著

北方妇女儿童出版社
·长春·

图书在版编目(CIP)数据

民间的欢聚 / 王丽编著. —长春：北方妇女儿童出版社，2017.5(2022.8重印)

（丰富民俗文化）

ISBN 978-7-5585-1073-1

Ⅰ．①民… Ⅱ．①王… Ⅲ．①庙会－风俗习惯－中国－通俗读物 Ⅳ．①K892.1-49

中国版本图书馆CIP数据核字(2017)第100704号

民间的欢聚

MINJIAN DE HUANJU

出 版 人	师晓晖	
责任编辑	吴　桐	
开　　本	700mm×1000mm　1/16	
印　　张	6	
字　　数	85千字	
版　　次	2017年5月第1版	
印　　次	2022年8月第3次印刷	
印　　刷	永清县晔盛亚胶印有限公司	
出　　版	北方妇女儿童出版社	
发　　行	北方妇女儿童出版社	
地　　址	长春市福祉大路5788号	
电　　话	总编办：0431-81629600	

定　　价　　36.00元

习近平总书记说："提高国家文化软实力，要努力展示中华文化独特魅力。在5000多年文明发展进程中，中华民族创造了博大精深的灿烂文化，要使中华民族最基本的文化基因与当代文化相适应、与现代社会相协调，以人们喜闻乐见、具有广泛参与性的方式推广开来，把跨越时空、超越国度、富有永恒魅力、具有当代价值的文化精神弘扬起来，把继承传统优秀文化又弘扬时代精神、立足本国又面向世界的当代中国文化创新成果传播出去。"

为此，党和政府十分重视优秀的先进的文化建设，特别是随着经济的腾飞，提出了中华文化伟大复兴的号召。当然，要实现中华文化伟大复兴，首先要站在传统文化前沿，薪火相传，一脉相承，弘扬和发展5000多年来优秀的、光明的、先进的、科学的、文明的和自豪的文化，融合古今中外一切文化精华，构建具有中国特色的现代民族文化，向世界和未来展示中华民族具有独特魅力的文化风采。

中华文化就是中华民族及其祖先所创造的、为中华民族世世代代所继承发展的、具有鲜明民族特色而内涵博大精深的优良传统文化，历史十分悠久，流传非常广泛，在世界上拥有巨大的影响力，是世界上唯一绵延不绝而从没中断的古老文化，并始终充满了生机与活力。

浩浩历史长河，熊熊文明薪火，中华文化源远流长，滚滚黄河、滔滔长江是最直接的源头，这两大文化浪涛经过千百年冲刷洗礼和不断交流、融合以及沉淀，最终形成了求同存异、兼收并蓄的辉煌灿烂的中华文明。

中华文化曾是东方文化的摇篮，也是推动整个世界始终发展的动力。早在500年前，中华文化催生了欧洲文艺复兴运动和地理大发现。在200年前，中华文化推动了欧洲启蒙运动和现代思想。中国四大发明先后传到西方，对于促进西方工业社会形成和发展曾起到了重要作用。中国文化最具博大性和包容性，所以世界各国都已经掀起中国文化热。

中华文化的力量，已经深深熔铸到我们的生命力、创造力和凝聚力中，是我们民族的基因。中华民族的精神，也已深深根植于绵延数千年的优秀文化传统之中，是我们的精神家园。但是，当我们为中华文化而自豪时，也要正视其在近代衰微的历史。相对于5000年的灿烂文化来说，这仅仅是短暂的低潮，是喷薄前的力量积聚。

中国文化博大精深，是中华各族人民5000多年来创造、传承下来的物质文明和精神文明的总和，其内容包罗万象，浩若星汉，具有很强的文化纵深感，蕴含丰富的宝藏。传承和弘扬优秀民族文化传统，保护民族文化遗产，已经受到社会各界重视。这不但对中华民族复兴大业具有深远意义，而且对人类文化多样性保护也有重要贡献。

特别是我国经过伟大的改革开放，已经开始崛起与复兴。但文化是立国之根，大国崛起最终体现在文化的繁荣发展上。特别是当今我国走大国和平崛起之路的过程，必然也是我国文化实现伟大复兴的过程。随着中国文化的软实力增强，能够有力加快我们融入世界的步伐，推动我们为人类进步做出更大贡献。

为此，在有关部门和专家指导下，我们搜集、整理了大量古今资料和最新研究成果，特别编撰了本套图书。主要包括传统建筑艺术、千秋圣殿奇观、历来古景风采、古老历史遗产、昔日瑰宝工艺、绝美自然风景、丰富民俗文化、美好生活品质、国粹书画魅力、浩瀚经典宝库等，充分显示了中华民族厚重的文化底蕴和强大的民族凝聚力，具有极强的系统性、广博性和规模性。

本套图书全景展现，包罗万象；故事讲述，语言通俗；图文并茂，形象直观；古风古雅，格调温馨，具有很强的可读性、欣赏性和知识性，能够让广大读者全面触摸和感受中国文化的内涵与魅力，增强民族自尊心和文化自豪感，并能很好地继承和弘扬中国文化，创造未来中国特色的先进民族文化，引领中华民族走向伟大复兴，在未来世界的舞台上，在中华复兴的绚丽之梦里，展现出龙飞凤舞的独特魅力。

百姓聚集——岁时庙会

乡村交易——定点赶集

庙会又称"庙市"或"市场"。这些名称，可以说正是庙会形成过程中所留下的历史"轨迹"。

庙会是汉族民间宗教以及岁时风俗，它是以寺庙为依托，在特定时间举行的酬神、娱神、求神、娱乐、游冶、集市等活动的群众集会。

庙会作为一种社会风俗，与佛教寺院以及道教庙观的宗教活动有着密切关系。同时，它又是伴随着民间信仰活动而发展、完善和普及起来的。

百姓聚集

岁时庙会

社祭是庙会产生的源流

　　远古，人们还处于蒙昧时期，当时的生产力极其低下，原始先民们对人的生死及自然界的许多现象都不能理解，也觉得不能抗拒，只能幻想借助于超自然的力量来主宰它，于是就创造出了各种各样的神。

原始岩画里的祭祀集会

■ 原始先民崇拜自然土地

　　当社会生产由渔猎转入农耕后，土地便成了人们赖以生存的基础，人们把希望都寄托在土地上，并幻想土地神之类的护佑之神，于是人们渴望风调雨顺、五谷丰登或驱鬼逐疫，祈禳性的社祭活动便产生了。

　　"社"在古代是指土地神。我国第一部字典《说文解字》上说：

　　　　社，地主也。社者，土地之王。

　　著名民俗学家在《古史辩》中这样阐述"社"：

　　　　社是土地之神，从天子到庶民立有不等的社……乡村祭神的结会，迎神送祟的庙会，朝顶进香的香会，都是社会的变相。

《说文解字》
简称《说文》。作者是著名的东汉经学家、文字学家许慎。《说文解字》成书于汉和帝永元十二年至安帝建光元年，历时21年。《说文解字》是我国第一部按部首编排的字典。

■ 供奉的"土地"

祭祀 是华夏礼典的一部分，更是儒教礼仪中最重要的部分。礼有五经，莫重于祭，是以事神致福。祭祀对象分为三类：天神、地祇、人鬼。天神称祀，地祇称祭，宗庙称享。祭祀的法则详细记载于儒教圣经《周礼》《礼记》中，并有《礼记正义》《大学衍义补》等书进行解释。

在我国的传统文化中，祭祀土地神，祭祀大地，多属于祈福、保平安、保收成之意。土地神也是道教诸神中地位较低的神祇。在民间信仰中，神明多半会有明确的出身，但土地神的出处有很多。

据传说，土地神为周朝的一位官吏，他叫张福德。他自小聪颖至孝，在36岁时，官至朝廷的总税官，他为官廉正，勤政爱民，经常为交不起税赋的人们免税减税，人们对他是有口皆碑。

张福德活了102岁，他去世后，有一个十分贫困的人家，曾经享受过张福德的多次免税，为了怀念逝世的好官，就用四块大石头围成的石屋供奉并祭祀张福德。

说来也奇怪，这家人不久便由贫转富了。于是人们都相信好官张福德能够保佑大家，于是就纷纷捐资建庙，并把张福德塑成金身进行膜拜，并其名而尊为

"福德正神"。

还有传说土地神为周朝上大夫的家仆张明德，主人到远地做官了，只留下了家中幼女。张明德带着官家年幼的女儿寻找父亲，在路途中遇到了风雪，张明德就脱下衣服保护着小主人，因而他被冻死在途中。

张明德在临终时，天上出现了"南天门大仙福德正神"9个字，说这是上天对忠诚仆人张明德的封号。

上大夫感念张明德的忠诚，于是就建庙奉祀。周武王听说后，非常感动，并说："似此之心可谓大夫也。"于是，周武王就给逝去的张明德赐了一个宰相封号。

张明德获得了宰相封号，但是他觉得自己不配做宰相，只配做一个好的仆人，愿意待候更多的人，于是他就化作了一方的土地神，并戴宰相帽，保佑着一方的人们。

上大夫 战国时，官爵可分为卿和大夫两级，在卿当中有上卿、亚卿之分。在大夫之中，有长大夫、上大夫、中大夫等。在隋唐以后，以大夫为高级官阶之称号。清朝高级文职官称大夫，武职则称将军。

■ 土地神像

■ 精美雕刻的土地神像

■ 古代帝王祭祀壁画

《周礼》 儒家经典，西周时期的著名政治家、思想家、文学家、军事家周公旦所著。《周礼》涉及内容极为丰富，大至天下九州，天文历象，小至沟洫道路，草木虫鱼。凡邦国建制，政法文教，礼乐兵刑，赋税度支，膳食衣饰，寝庙车马，农商医卜，工艺制作，各种名物、典章、制度，无所不包，堪称上古文化史之宝库。

张明德成了土地的化身。土地载万物，又生养万物，长五谷以养育百姓，这也就是人们之所以亲土地而奉祀土地的原因。

在周代，正是农耕社会，帝王们特别重视发展农业，带领祭祀土地神，以祈求五谷丰登。人们还想象出了土地神的层次，人们称直接领导最基层土地神的为社神，就是说社神是更高级别的土地神，是管土地神的神。

帝王还为群姓立社庙，称为太社，自为立社，称为王社。诸侯为百姓立社，称为国社，自为立社，称为侯社。百姓25家为里，里各立社，称为民社或里社。人们向社神祈求风调雨顺，就要进行社祭。

我国最早儒家经典《周礼·春官》中记载了"社"的位置：

在中门之外，外门之内。

左边为宗庙所在，右边才是社稷。至于使用的材料，建筑用土有青、黄、赤、白、黑五种颜色，并依照东、南、西、北和中央5个方位配合。社中栽植松、柏、栗、梓、槐五种树木，树亦依循方位而植。

一年之内可分为"春藉田而祈社稷"、"秋报社稷"及"孟冬之月大割社于公社"等三次。在三次社祭中，春祀祭、秋祀祭被称之为常祭。但是冬祭独被称之为"大割"，较春祭和秋祭更为重要。在春、秋、冬三祭中，以每季的甲日作为社祭之日。

周代的人社中所供奉的社神，民间有4种说法：

其一是五土之神。根据我国古代儒家伦理学著作《孝经》的记载，"社"是五土总神，稷则为原隰之神，而原隰之神又是五土之一，因此社稷或稷社，即是"社神"，亦是五土之神。

其二为勾龙。根据古代最早的编年体史书《左

■ 古代祭祀活动时用的编钟

传·昭公二十九年》记载，共工氏有位儿子，名叫勾龙，死后被称为后土。又据我国第一部纪传体断代史《汉书》卷二十五"郊祀志"记载，共工氏称霸九州，他的儿子名叫勾龙，他能平水土，死后幻化成了社神。

其三为禹。根据《汉书》卷二十五《郊祀志》的记载，汉人曾将夏禹配飨以官社，视同社神进行祭祀。

其四是修车。根据唐代类书《艺文类聚》引《风俗通》说，修车是共工氏的儿子，喜好四处游荡，足迹遍及天下，死后被人祀为社神。社祭时要有舞乐，自古以来，祭神时总少不了舞蹈和音乐。《周礼·春官》中记载：

　　若乐六变，则天神皆降，可得而礼矣；若乐八变，则地示皆出，可得而礼矣。若乐九变，则人鬼可得而礼矣。

傩舞是古代社祭中的一种舞蹈，傩戏是在傩舞的基础之上发展形成的戏剧形式。傩祭源于原始社会的图腾崇拜，到商代形成了一种固

■傩戏表演用道具

定的用以驱鬼逐疫的祭祀仪
式。

傩舞在后世逐渐发展成为
娱乐性的民间舞蹈，广泛流行
于江西、湖南、湖北、贵州、
安徽、山东、河北等地。不同
的地区有不同的名称，如鬼
物、跳傩、傩戏等。

也有名之为跳神的傩舞特
征，一般都木制假面，扮作鬼
神歌舞，表现神的身世事迹。
从我国有文字记载开始，就有关于大傩的记录。

■ 千手千眼佛

"鸟舞"也是属于社祭仪式之一。有人认为，
"履大人迹"是指象征男女之间的一种舞蹈，或称
"鸟舞"。"鸟舞"是为了纪念姜嫄而出现的。

传说姜嫄是上古时代人，原为炎帝后代有邰氏的
女儿，后来成为黄帝曾孙帝喾的元妃。姜嫄生活的时
代，相当于我国古史传说中尧、舜、禹时期。当时人
们"知母不知父"，因而后稷有被其母姜嫄抛弃的历
史记载。

社祭时的音乐，根据古代文献记载，远古的音乐
文化具有歌、舞、乐互相结合的特点。在这时，人们
所歌咏的内容，诸如"敬天常"、"奋五谷"、"总禽兽
之极"反映了先民们对农业、畜牧业以及天地自然规
律的认识。

这对后世庙会上祭神、娱神以至娱人的活动无疑

帝喾 名俊，号高
辛氏，华夏上古
时期一位著名的
部落联盟首领。
被列为"三皇五
帝"中的第三位
帝王，是华夏民
族的共同人文始
祖。帝喾系和颛
顼系成为黄帝家
族著名的两大系
属，我国汉族姓
氏多数来自这两
大系属。

■ **伏羲** 是三皇之首。他和女娲同是中华民族的人文始祖。伏羲根据天地万物的变化，发明创造了八卦，这是我国最早的计数文字，是我国古文字的发端。人们从此结束了"结绳记事"的历史。伏羲后来被中国神话描绘为"人首龙身"，被奉为中华文明的人文始祖。

三皇 距盘古开天辟地已55万年，陆续出现的三位伟大的神祇，称为天皇、地皇、人皇。"皇"的原意就是神祇，但神性略次于盘古和玉皇大帝，可列为第二级别的神祇。

是有深刻影响的，所以说社祭是我国庙会产生的主源。庙会就是在宗庙祭祀的地方进行聚会、祭神、娱乐、购物等形式的活动。我国庙会是从古代严肃的宗庙祭祀和社祭及民间信仰中孕育诞生的。

庙在古代是供祀祖宗的地方。据我国古代重要的典章制度书籍《礼记·曲礼》记述，凡于民有功的先帝如黄帝、帝喾、尧、舜、禹、文王、武王等都要举行祭祀。

庙的规模有严格的等级限制，帝王的宗庙制是天子七庙，诸侯五庙，大夫三庙，士一庙，庶人不准设庙。宗庙制度是祖先崇拜的产物。因此，庙会是社会发展的产物。到后来，庙会与神话传说的关系变得极为密切，庙会祭祀的神仙种类也开始繁多起来。

第一种是祖先崇拜的对象，如天地人三皇、女娲、伏羲等。

伏羲是中华民族的人文始祖，是我国古籍中记载的最早的王，所处时代约为新石器时代早期。他根据天地万物的变化，发明创造了八卦，成了我国古文字的发端，也结束了"结绳记事"的历史。

他又结绳为网，用来捕鸟打猎，并教会了人们渔猎的方法。发明了瑟，创作了《驾辨》曲子。

伏羲的活动，标志着中华文明的起始，也留下了大量关于伏羲的神话传说。

女娲是中华民族的上古之神，人首蛇身，为伏羲之妹，风姓。起初以泥土造人，创造人类社会并建立婚姻制度。而后世间天塌地陷，于是她就熔彩石以补天，斩龟足以撑天。

女娲的地位，有时在三皇之上，有时在三皇之内，有时在三皇之下。据说原因有三，一是在神话传说中女娲化生万物，地位非常高，在三皇之上。二是传说中的伏羲和女娲既为兄妹又为夫妻，均为一家人，列入三皇时有时两个人都选中，有时只选一人作为代表，具在三皇之中。三是《尚书》在经书中的显赫地位，使得它所宣传的伏羲、神农、黄帝三皇观点为大多数人认可，而且女娲所在的是母系社会，之后是父系社会，以男为尊，所以在三皇之下。

第二种是祭祀龙。中国龙是神奇的，本领很大，它能变长也能变

■ 女娲 又称女娲氏、娲皇，是我国传说中的上古氏族首领，后逐渐成为我国神话中的人类始祖。据神话记载，女娲人首蛇身。她的主要功绩为抟土造人及炼石补天。其他的功绩包括发明笙簧和规矩，以及创设婚姻。后世女娲成为民间信仰中的神祇，被作为人类始祖和婚姻之神来崇拜。

真武大帝

短，能上天也能入海，它还能在天上兴风降雨。古代人为了祈求风调雨顺、农业丰收，就把美好的愿望寄托在龙的身上。古时候，人们在龙王庙祭龙求雨的现象非常普遍。

第三种是属于道家的地方性动植物神明。如河北石家庄所辖地区的长仙，即蛇仙、胡仙，即狐仙和兰草神等。

此外，还有以历代功臣、地方人物被当作神仙的。关帝自不必说，再如晋州唐代宰相魏徵、宋代杨家将等。

第四种是道家的玉皇、王母、太上老君、真武大帝、王灵官、地水三官、火神、文昌、奎星、吕洞宾等。在河北的苍岩山、挂云山庙会上都有玉皇，一些寺院也有玉皇。

苍岩山庙会在石家庄一带影响很大，在石家庄西部广大区域，盛行对"苍山圣母"的宗教崇拜，人们的道德观念幻出一个行孝施善的圣母形象，成了这一带人们虔诚崇拜的救世菩萨。

从平原之地石家庄七里湾的苍岩圣母庙，到平原山区交汇处的封龙山三皇姑庙，从太行深处的天桂山皇姑庆，到井陉苍岩山福庆寺，祭祀崇拜的香火久盛不衰。而影响最大、最具代表性的当数苍岩山的"苍山圣母"崇拜了。

据考证，苍岩山福庆寺创自民间，1014年，宋真宗敕赐"福庆寺"之名。从宋初到清末每次修葺募化，能得60余郡县的捐助。

而每年春秋庙月，近而冀中，远达山西、河南、山东诸省香客不远千里，跋山涉水，接踵而至。推其缘由，除了苍岩山自然风光的奇秀引人之外，最根本的原因就是山上供奉着"苍山圣母"三皇姑。

旧时庙会，以敬香许愿、还愿为主。井陉境内分4个区轮流值班，每年各区香客将苍山圣母接回，于

龙虎旗 农村用于祭祀活动的一种三角形旗帜，分龙旗、虎旗、马旗、象旗等动物的旗帜，统称龙虎旗。其大小有多种规格。小则边长3到4米，大则10多米。在一整套龙虎旗中龙旗、虎旗规格最大，祭祀中要走在队伍最前面，其他动物旗帜在规格上、行进途中不能超过龙旗、虎旗。

■ 圣母庙

武术 打拳和使用兵器的技术，是我国传统体育项目，内容是把踢、打、摔、拿、跌、击、劈、刺等动作按照一定规律组成徒手的和器械的各种攻防格斗功夫、套路和单势练习。武术具有极其广泛的群众基础，是我国人民在长期的社会实践中不断积累和丰富起来的一项宝贵的文化遗产。

庙会日，将圣母用銮驾送至景庄，再由景庄开始逐村演驾，直到苍岩山下。

銮驾是一顶八抬殿式敞轿。演驾开始前，将三皇姑的銮驾请到景庄街心，上供焚香祭拜。接着，三声地动山摇的铁炮响过，宣告开始起驾。

演驾队伍阵容庞大，马手由有一定威望及武功的人担任，其右手持9斤麻绳鞭，左手操三尖两刃刀，左挥刀，右甩鞭，于队伍前开道。

驾前全副执事，鸣道锣、龙虎旗，"肃静"牌、"回避"牌排列两侧，轻重乐队吹吹打打。接着是抬供品的人员、童男童女和銮驾，由四大金刚护卫。后面依次为颠皇杠、耍狮子、舞长龙、扭拉花等节目，最后是社火。

演驾队伍浩浩荡荡，途经村庄皆夹道相迎。銮驾一到，路旁众人就地跪拜，恭送过村。銮驾到苍岩山下胡家滩村口，又放三声大炮，苍岩山福庆寺内众僧徒恭候在山门口。

在简短的接驾仪式后，马子头前飞檐走壁，在苍岩山一尺多宽的悬崖边的围墙上快跑3个来回，方才完成使命，最后再把銮驾护送至山上的公主祠内。

这时，各表演队在苍岩山的山门前拉

■ 銮驾

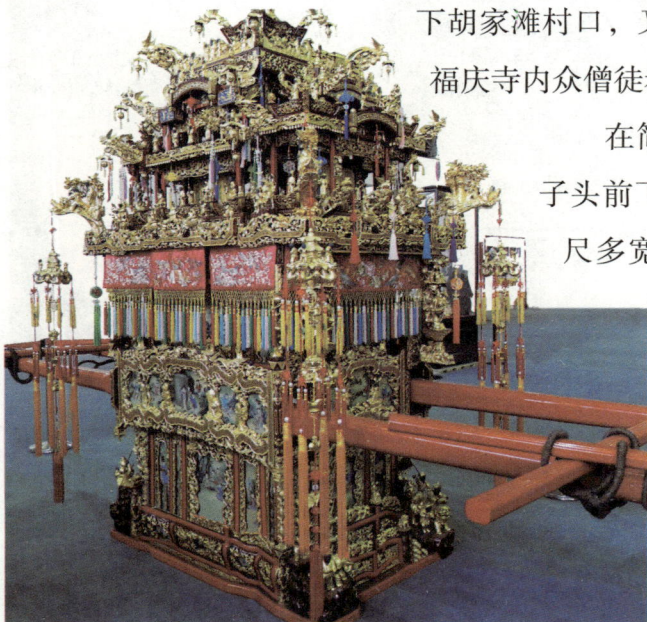

开场面，进行表演。在整个庙会期间，各村的花会、武术等表演队都在此尽兴表演。

在诸信奉中，最著名的就是三皇姑，她是千手千眼佛。三皇姑，为兴林国国王妙庄王的三女儿妙善，人称"三皇姑"。妙善喜欢修行，曾出家在白雀庵为尼。因妙庄王逼迫其还俗，而火烧白雀庵，致使数百名尼姑身亡。

于是，妙善乘白虎远走苍岩山修行，后因父王得了一种叫人面疮的怪病，需用亲生女儿的手和眼做药引子才能治愈，三皇姑便舍出自己的手和眼为父王治病。

妙庄王病愈后，想把三皇姑封为全手全眼菩萨，为其建造庙宇，更塑金身，由于过分激动，竟说成"千手千眼"。

妙庄王本是天神下界，真龙天子都是"金口玉言"，一句"千手千眼"，传达圣旨给修筑者，于是建造庙宇时就给三皇姑的金身多出许多手眼，手里又长眼，即为"千手千眼"菩萨。

届时，方圆百八十里的善男信女纷纷赶来参会，香客们摩肩接踵。苍岩山庙会节目精彩，使得苍岩山庙会成为热闹非凡的盛会。

阅读链接

大傩中有12兽，分别为甲作、䬘胃、雄伯、腾简、揽诸、伯奇、强梁、祖明、委随、错断、穷奇和腾根，此12兽分别要吃鬼虎、疫、魅、不祥、咎、梦、磔死、寄生、观、巨、蛊等11种鬼疫。

其中，雄伯是传说中能吃"魅"的神。伯奇也叫伯劳鸟和鵙，原本是人，其父轻信后母谗言将他杀死，变成伯奇鸟，父亲发现错杀后，便射死了后母。

伯奇变成了鸟，但心明如镜，故能知恶魔、吃恶魔。强梁又叫疆良，虎首人身，四蹄长肘，是能衔蛇操蛇的神。强梁与祖明一起共同吃磔死、寄生两类鬼疫。

时代特征明显的发展历程

祭祀用的神龛

到了秦代，庙会的内容仍然单一而稳定，主要是祭祀祖先与神灵。

在商周时期，庙会是一种不自觉的活动，仅是一种隆重的祭祀活动。

至汉代，朝廷、郡国、县、乡、里各级行政机构都立有社。乡以上的社由官府设置，官府致祭。

里社则由居民自己组织祭祀，即以里名为社名，称某某里社，里的全体居民不论贫富都参加。

每年春二月、秋八月上旬的戊日举行社祭，祭后在社下宴饮行乐，费用由全里居民分摊。有时也采取捐献的办法。

除去集体的祭祀外，个人也常向社神祈福、立誓、禳病。领导社事的是里正、父老，里、社在组织上是合一的，社的活动即为里的职司的一部分，并得到封建国家的认可与支持。社祭时的具体执事者称社宰、社祝、祭尊，是宗教巫术者的称谓。

社的活动的参加者并没有专门的称呼，反映了当时里、社尚未分离的情况。不过，与先秦相比，汉代时，里虽普遍立社，但已出现与里有别的"里社"一词。

■ 庙会上的祈福树

社神和社祭的地位有所降低，里中居民对社的活动的态度随贫富分化而不一致，已开始带有自由参加的色彩。

这些说明，汉代里与社的关系开始出现了分离的迹象，社的活动开始出现了私人化、自愿化的趋向。

汉代以后，庙逐渐成为祭鬼神的场所，还常用来敕封、追谥有贡献的英雄人物。这实际上体现了从祖先崇拜到英雄崇拜的嬗变过程。

西汉时期，道教开始初步形成。庙会受到了宗教信仰的影响，内容开始出现了多元化的色彩，各种习

郡 我国古代的行政区划单位之一。始见于战国时期。秦统一天下设三十六郡，后汉起，郡成为州的下级行政单位，介于州刺史部和县之间。隋朝废郡制，以县直隶于州。唐朝道、州、县，武则天时曾改州为郡。明清称府。

民间的欢聚

俗也开始初步形成。

在《西京杂记》中，描述了当时的祠庙祭祀习俗：

> 汉制宗庙，八月饮酎，用九酝，太牢，京师大水，祭山川以止雨，丞相御史二千石，祷祠如求雨法。

"九酝"即"九股"，分九次将酒饭投入曲液中。《齐民要术》分次殿饭下瓮，初股、二股、三股，最多至十股，直至发酵停止酒熟止。先股的发酵对于后股的饭起着酒母的作用。

"太牢"，古代帝王祭祀社稷时，牛、羊、豕三牲全备为"太牢"。古代祭祀所用牺牲，行祭前需先饲养于牢，故这类牺牲称为牢。又根据牺牲搭配的种类不同而有太牢、少牢之分。少牢只有羊、豕，没有牛。

■ 北京庙会艺人塑像

三国时期牛车模型

　　由于祭祀者和祭祀对象不同，所用牺牲的规格也有所区别，天子祭祀社稷用太牢，诸侯祭祀用少牢。《礼记》中太牢指的是大牢。

　　后来，在佛教传入我国的同时，道教也逐渐发展并完善起来。民间信仰的报赛酬神活动，纷纷与佛道神灵相结合，其活动也由乡间里社逐渐转移到了佛寺和道观中进行。

　　在佛、道二教举行各种节日庆典时，民间的各种组织也主动前往集会、助兴。于是寺庙、道观场所便逐渐成了以宗教活动为依托的群众聚会的场所了。庙会活动中，佛与道或分庭抗礼，或相互渗透，使庙会文化更加丰富。

　　三国两晋南北朝时期，寺庙与市场已经发生联系，但是这时的寺庙与市场的关系还不密切。当时，战乱频繁，人口流散，再加上门阀世族占有大量的户口，封建国家的户籍制度毁坏，汉代严整的里制已无法维持，里、社合一，全里居民参加的里社制度开始瓦解。

　　此时，私社开始发展。有适应门阀世族制度和战乱中举族迁徙或聚保的需要，以宗族地望关系为纽带而结成的"宗社"，有按阶级和

■ 古代集市图

民间的欢聚

邑义 又称邑会、法义。为北魏初至隋唐间，我国北方以佛家教徒为中心，以营造佛像寺塔等为机缘而结成的信仰团体。主要分布在云冈、龙门、天龙山等石窟一带。是由信徒出资营造，并以其所造尊像为信仰中心而组织成的佛教团体。

职业结成的社。

而最盛行的则是东晋末南北朝时，由佛教信徒组成的"邑义"和"法社"。邑义主要流行于黄河流域，一般按村邑或宗族组成，在僧人参加或指导下，结集人众，聚敛财物，从事造像、修寺、建塔、营斋、诵经等活动。

其主事者名目繁多，主要有邑主、邑长、邑维那、邑师等。参加者称"邑子"、"邑人"。规模一般为十余人至数十人，有的达数百人甚至千人以上。

"法社"兴于南方，侧重讲经、说法、修行，参加者往往是贵族、官僚和士大夫等。

邑义和法社，特别是邑义，实际上是寺院地主和世俗地主借助佛教来统治、剥削群众的组织。随着时间的推移，到隋唐时，邑义和法社在地域和活动内容上的区别逐渐泯没。

唐建立后，就下诏强调社祭，令民间普遍立社。唐五代私社大盛，通称"社"、"社邑"、"义社"、"义邑"、"邑义"等。许多私社因本身的主要活动或社人成分而有专名，如亲情社、官品社、女人社、坊巷社、法社、香火社、燃灯社等。

这些私社大体有两种类型，一类主要从事佛教活动，与寺院和僧人有密切关系，多数就是依附于寺院和僧团的组织。一类主要从事经济和生活的互助，其中最主要的是营办丧葬。有些社则兼具上述两类社的职能。而传统的社祭，往往仍是这些私社的重要活动内容。

但是，唐宋时期毕竟是我国历史上最为开放的一段时期，尤其是胡人文化的大量介入，儒、释、道三教并立，进入全盛时期。出现了名目繁多的宗教活动，如圣诞庆典、坛醮斋戒、水陆道场等。

就在这个时期，出现了对吕洞宾的祭祀信仰，并很快就在全国各地普遍发展起来。在河北邯郸的吕仙祠，每年有4个传统庙会，即农历正月初十、三月十五、四月十一和十月十三。

僧 是梵语"僧伽"简称，意译为"和合众"，即指信奉佛陀教义、修行佛陀教法的出家人，亦指奉行"六和敬""和合共住"的僧团。它字义就是"大众"。僧伽是出家佛教徒的团体，至少要有四个人以上才能组成僧伽。所以一个人不能称僧伽，只能称僧人。

■ 社祭礼仪

■ 吕洞宾 原名吕喦，字洞宾，道号纯阳子，于796年生于永乐县招贤里，是著名的道教仙人，八仙之一，道教全真派北五祖之一，全真道祖师，钟、吕内丹派、三教合流思想代表人物。

规模最大的要算农历四月十一的庙会，民间传说这个会是"遇神仙会"。据说，四月十四是吕洞宾的诞辰，八仙中的其他神仙会提前几天来给吕洞宾拜寿，他们会扮成凡人来到人间，谁要是运气好的话，遇到真仙被点化了，没准也能成仙。要是有个什么病灾的，求求神仙也就都好了。

所以，每年这个时候，北到保定，南到河南新乡，东到山东聊城，西到山西长治，4省数10县都有香客赶过来。庙会期间，集市上打扇鼓的，舞龙舞狮的，还有做各种买卖的，真是热闹非凡。

传说有一年的四月十一庙会，有一个要饭的老头，穿得破破烂烂，胳膊和腿上长的都是脓疮，还淌着脓水，又臭又脏。可是他自己还挺美，乐颠颠地边走边唱，周围的人们都嫌他臭，唯恐避之不及。

这时，路边有个卖竹帘的，他把竹帘子摞得老高，并不时地高声吆喝着："便宜了，便宜了！"可是无论他怎么叫卖，就是没人买。

那个要饭的老头走到卖竹帘的附近，也不知是怎么回事，突然一头栽倒在地。卖帘子的一见，急忙跑过来把老头搀了起来，顾不上呛鼻的臭气，也不在意脓水蹭得哪都是，就把老人扶到自己的摊上，让他躺在竹帘上休息，并端来一碗水喂给他喝。

谁知老头刚一喝完，他竟然一跳而起，口里说道："好了，好了。"

这让卖帘子的一下子目瞪口呆了，心想：怎么这么一会儿就好了？只见要饭的老头一颠一颠地走进了人群，不见了。

这时，人们都围过来看热闹，突然有人喊道："神仙显灵了，神仙显灵了，快看！"

只见这人拿起一张竹帘，竹帘中间赫然出现一幅韩湘子吹箫图。图中韩湘子吹着仙乐，衣衫随风飘动，呼之欲出。再看竟然张张帘子都有。人们这才恍然大悟，原来那个叫花子就是八仙之一的韩湘子。

有人说："把这竹帘挂在家里，肯定能驱邪避害，我买一个。"只见大家纷纷掏钱来买，不到一刻钟的工夫，一摞竹帘子就全都卖光了。

当然，最高兴的还是这个卖帘子的，自己不仅赚了钱，而且还万分难得地碰到了神仙！消息不胫而走，人们都说卖帘子的人真是好心有好报。

这虽是个传说，但是却表达了人民积德行善的心理欲求。

后来，庙会活动逐渐由祀神和娱神开始向娱人发展，还增加了娱乐内容，如舞蹈和戏剧等。

除了一些宗教活动上的竞相比拼，佛、道二教还大量修建寺庙和道观，争取信徒，招徕群众，从而促进了庙会活动的繁荣。

此时，庙、台、祠、宫、观、庵等宗教建筑十分密集，龙王庙、

戏剧 指以语言、动作、舞蹈、音乐以及木偶等形式达到叙事目的的舞台表演艺术的总称。由于文化背景的差别，不同文化所产生戏剧形式往往拥有独特的传统和程式，比如西方戏剧、中国戏曲、印度梵剧、日本能乐、歌舞伎等。

■ 韩湘子 字清夫，是民间故事的八仙之一，拜吕洞宾为师学道。道教音乐《天花引》，相传为韩湘子所作。又说韩湘子是唐朝韩愈的侄孙子。生性放荡不羁，不好读书，只好饮酒，世传其学道成仙。

■ 集市上的竹筐

民间的欢聚

天爷庙、祖师庙、娘娘庙、火神庙、土地庙、城隍庙、关爷庙、山神庙、河神庙、禹王庙、圣母庙、二郎神庙等数不胜数。

这些为日后庙会的发展奠定了基础，庙会亦应运而兴，虽然这一时期的庙会不论从其数量还是规模，在全国都已形成蔚为壮观的局面，但就庙会的活动内容来说，仍偏重于祭神赛会，而在民间商业贸易方面还是相对要薄弱很多的。

为了争取更多的信众，佛、道两教常常用走出庙观的方式来扩大自己的影响。佛教所盛行的行像活动，就是如此。

"行像"是用宝车载着佛像，巡行于街巷的一种宗教仪式。赞宁的《大宋僧史略》上说：

行像者，自佛泥洹，王臣多恨不亲睹佛，由是立佛降生相，或作太子巡城相。

二郎神 即是杨戬，道教俗神，天庭大将，玉帝的外甥，变化无穷，神通广大，肉身成圣。早年劈桃山救母，视天界兵将如无物。受封清源妙道真君。又助武王伐纣，再封昭惠显圣仁佑王，是人们心中超越观音菩萨的唯一真神。

这是佛教"行像"的起源。

赞宁是北宋的僧人，佛教的史学家，俗姓高，吴兴德清人，后在唐天成年间在杭州祥符寺出家。赞宁与人谈论，辞辩纵横，有"律虎"之称。内学之外，兼善儒、老、百家之言，博闻强记，擅长诗文，声望日增，为吴越王钱俶所敬，署为两浙僧统，赐"明义示文大师"号。

相传在5世纪初，法显旅行印度时，在西域和印度都曾亲见行像的仪式。后来，我国佛经翻译渐备，信仰亦次第普及，造像风气大兴，除铜像外，还有木像和夹纻像，行像的仪式也自西域传入了。

夹纻像又叫脱胎像、干漆像或者行像。据文献记载，它是由东晋时著名雕塑家戴逵，在传统髹漆工艺基础上创制的。他先用泥塑出人物粗坯，然后糊上麻布，反复涂漆，待干后使泥脱空即成为夹纻像。这种雕塑重量轻，易于搬动，适合当时人们抬佛像游街的需要。

每年的释迦牟尼诞辰日，都要举行佛像出行大会。佛像出行前一日，洛阳城各寺都将佛像送至景明寺。佛像多时，就有千余尊。

佛诞日这天，当佛像出行时，队伍中会以辟邪的狮子为前导，宝盖幡幢等随后，音乐百戏，诸般杂耍，热闹非凡。

■ 山神庙

■ 赶集人物瓷像

幡幢 汉魏时，幢出现在车行仪仗和佛教仪式中，一般是在立竿上悬挂单层或多层伞盖状丝织物，伞盖四周饰有垂幔、飘带，在幢幔上书写经文就称经幢。唐代开始有石造经幢，到中唐以后，逐渐模仿丝织物幢的形状，建造多段石柱和多层盘盖相间叠加的石幢，并在盘盖四周雕出垂幔、飘带、花绳等图像。

伴随着佛教教义的传播，佛寺星罗棋布，分布于中原地区的名山、巨邑、小镇。许多著名的寺院，如洛阳白马寺、开封相国寺、登封少林寺、临汝风穴寺、镇平菩提寺、石佛寺及瓦宫寺等，如雨后春笋般，林立中原，并留下了许多神奇的传说。

于是，崇佛庙会应运而生，林林总总。中原地区广大庙会群中，佛与道使庙会文化更加丰富。

唐宋以后，庙会的迎神、出巡，大都是这一时期行像活动的沿袭和发展，并逐渐推广到四川、湖广、西夏各地。元、明以后，行像之风才逐渐衰落。

除了佛、道二教的行像，他们还在寺、观中举办道场，定期进行一些法事或佛事活动，坐等信徒俗众前往斋戒听讲，顶礼膜拜。

原来属于民间信仰的报赛酬神活动，纷纷与佛道神灵相结合。其活动也由乡间里社，逐渐转移到了佛寺和道观中进行。

在佛、道二教举行各种节日庆典时，民间的各种社、会组织也主动前往集会助兴。这样一来，寺庙、道观场所，便逐渐成了以宗教活动为依托的群众聚会的场所。

庙会变化，不仅大大增加了这些活动自身的吸引力和热闹程度，也使这些活动中的商贸气息，随着群众性、娱乐性的加强而相应地增加。在宗教界及社会各界的通力协助下，庙会活动得到了进一步的发展。

唐宋时期的庙会，不论从数量上还是规模上，都已形成规模，但就庙会的活动内容来说，仍偏重于祭神赛会。庙会的真正定型、完善，则是在明清时期。

明代是中原地区庙会群昌盛的重要转折时期。明代社会安定，经济飞速发展，这就使得在洛阳、黎阳、陈州等规模较大的城镇进行大规模的建造庙宇成为可能。

明代手工业的繁荣，也刺激了生产力、经济和文化的发展，出现了资本主义的萌芽。庙会在这种时代背景下，比以往任何时期都要繁盛。

明代庙会有一个重要特点，就是行会也称会馆、公所的大量兴起，使庙会更加秩序化。中原地区出现许多山陕会馆，他们敬祀关羽，立祠建庙，特别是建造戏楼等祭祀场所，使庙会的影响和作用进一步地扩大化。

后来随着经济的发展和人们交流的需要，庙会就在保持祭祀活动的同时，逐渐融入到集市交易活动，这时的庙会又得名为"庙市"，成为我国市集的一种重要形式。

庙会和集市交易融为一体，成为人们敬祀神灵、交流感情和贸易往来的综合性社会活动。

庙会除了在寺庙进行，也有在开

■ 道教祭祀

拜祭关公

阔的地方举行，主要是进行文化、贸易和娱乐活动，宗教活动已经很少了。全国各地的庙会活动随处可见。比较典型的有北京地坛庙会、上海城隍庙庙会、南京蒋王庙会、山东泰山东岳庙会、天津皇会、福建妈祖庙会等。丰富多彩的地方庙会活动形成了独具特色的我国庙会文化。

阅读链接

水陆道场，也叫水陆法会、水陆大会、水陆斋，是我国佛教最隆重的一种经忏法事，全名是"法界圣凡水陆普度大斋胜会"，简称水陆会，又称水陆斋、水陆道场、悲济会等，是设斋供奉以超度水陆众鬼的法会。

水陆法会需要七昼夜才能功德圆满。七昼夜之中，诵经典如上。水陆法会虽分7个坛场，其实是一堂整体的佛事，每一坛同等重要，缺其一就不能名之为水陆法会。每日分三时，至总回向坛宣读文疏，昭告十方法界，将每日所诵经典功德回向。

因此，水陆是不分内坛、外坛的，斋主们随自己发心，共同成就此一法会，就是最大的功德。诵经功德贵在自己的发心虔诚，发心愈大，虔诚愈深，则功德广大愈是无可限量，是道教祭祀中的重要场所。

河南独特而丰富的庙会习俗

　　河南地区的庙会群，与神话传说的关系极为密切。原始神话，主要反映中原地区氏族社会的生活，包括天地起源、人类诞生、文化发展和图腾崇拜等内容。

　　河南的桐柏盘古庙会，是原始神话集中流传的场所，几乎可以构成人类早期社会发展史。同时这些庙会作为民俗的载体，承袭浩如烟海的民间文化，凝聚了该地区人民的思想感情、道德风尚和审美情趣。

　　火神台也称阏伯台、火星台，位于河南省商丘古城西南三华里的火星台村。

　　传说在原始社会时，继颛顼以后，帝喾为商地

■ 火神雕塑

■ 阏伯台

阏伯 为帝喾高辛氏之子，河南商丘人，相传为帝喾后妃简狄吞燕卵而生。阏伯在他的封地"商"做火正，呕心沥血，深受人民的爱戴，故人们尊他为"火神"。阏伯死后葬于封地，建有阏伯台，由于阏伯的封号为"商"，他的墓冢也被称为"商丘"。

的部落联盟酋长。帝喾看到商地人民没有火，就让自己的儿子阏伯到这里任火政。阏伯尽职尽责，辛辛苦苦地为保存火种做了许多事情。

阏伯死后，人们就在他保存火种的土台上，修了火神庙，或称阏伯祠，后来通称为火神台。阏伯是火政，为什么又成了盗火英雄呢？

传说，阏伯原来是天上的火神，因偷着向人间投放火种而违犯了天规，天帝要把他贬到凡间为民。阏伯将要从天上下来的时候，又偷偷将火种藏在身上，带到了人间。时隔不久，阏伯盗火的事让天帝知道了，于是，天帝发了一场洪水，要淹没人间的火种，惩罚阏伯。

地上的洪水像猛兽一样，吓得人们四处逃散。阏伯为了保存火种，筑起了高台，搭起了遮雨水的棚子，独自一人留在高台上看守火种。洪水退后，当人们从四面八方赶回来的时候，高台上的火种还燃烧着，阏伯却饿死在火种旁。

因为火神居住在高台之上，所以在豫东地区，人们也将朝拜火神阏伯俗称为朝台。朝拜火神的时间，一年之中有3次。

第一次是正月初七，传说这一天是火神的生日。人们正月初一就开始往火神台聚集，直到二月初二方散，会期一个月，是一年中最大的朝拜活动。

第二次是农历四月初四，这是一个祭商星的日子，会期10天。

第三次是在农历六月二十三，传说这一天是火神阏伯死的日子，会期10天。像这样隆重、系统的祭祀活动，在我国神话、信仰和民俗中是罕见的。

自古以来，商丘周边豫、鲁、苏、皖四省交界的群众，特别是商汤的后裔宋、孔、牛、殷、汤、华、梅、诸、肖、林、邓、武、皇甫等姓的子孙，在这一

皇甫 皇甫为我国汉族复姓。西周后期宋戴公有个儿子叫公子充石，字皇父，宋武公时任司徒。当时长狄鄋瞒部落进攻宋国，皇父领宋军反击，打退了长狄人，但皇父和两个儿子也不幸战死。后来皇父的孙子南雍为纪念父祖的功绩，以祖父的字为姓氏，称为皇父氏。西汉时皇父氏后裔皇父鸾改父为甫，于是皇父氏成为了皇甫氏，沿用至今。

■ 阏伯台香炉

民间的欢聚

■盘古 我国神话故事中的人物，是唯一的一位可以被称为"顶天立地"的神，关于盘古的传说很多，但都普遍认同盘古是开天辟地的人物。盘古为了人类而献身，用自己的身躯创造了世界万物，因而被人们世代崇祀。

天前后，怀着对祖先无比崇敬的心情，前去朝台进香，于是就慢慢形成了规模盛大的庙会。

每年春节，商丘最热闹的地方就数火神台庙会了。老商丘人称台会，火神台即阏伯台，又称火星台，台高10多米，周长300多米，为夯土堆积而成。

火神台正对着是一座戏楼，古已有之，后又重新修建。火神台前看大戏，也是当地重要的民俗。豫剧不仅老年人爱听爱看，年轻人甚至娃娃也不例外。娃娃们也许听不懂看不明白，但他们同样喜欢这热闹。

在庙会上，东北二人转、滑稽剧、杂耍飞车、驯兽、舞龙、舞狮、踩高跷等民间艺术表演，吸引了很多赶庙会的群众观看。

坐花轿本来是农村娶亲的习俗，可是在阏伯台庙会上，花轿成了一道特别的风景，不少赶庙会的人都愿意在这晃晃悠悠的花轿里感受一番。轿夫们穿着极具民族特色的服装，唱着轿歌，特别吸引人，无形中给庙会增添了不少喜庆的气氛。

在豫南巍峨的桐柏山系中，有一座老年山，名为盘古山，或叫九龙山。以山顶为界，北属泌阳县，南

舞狮 又称"狮子舞"、"狮灯"和"舞狮子"，多在年节和喜庆活动中表演。狮子在我国人心目中为瑞兽，象征着吉祥如意，从而在舞狮活动中寄托着民众消灾除害、求吉纳福的美好意愿。舞狮历史久远，《汉书·礼乐志》中记载的"象人"便是舞狮的前身，唐宋诗文中多有对舞狮的生动描写。

归桐柏县。

据传说，早在天地混沌未开的时候，是盘古神砍开了一个飘来飘去的大气包，气包变成了大山，盘古就在这山上休息。三仙女下凡，与盘古结为兄妹，开始了人间的生活。兄妹俩穿树叶，采野果，捕鱼打猎，构木为巢，生活得十分快乐。

后来，天地间忽然洪水泛滥，天塌地陷，人类毁灭，盘古兄妹被石狮子搭救，得以生存。事后，兄妹俩补好了天上的漏洞，又滚石磨验婚结为夫妻，天底下才有了人烟。盘古兄妹成了人类始祖，他们居住的山也叫盘古山了。

每年春天，盘古山一带的人们都要祭祀盘古，时间是农历的三月初三，俗称盘古会，一般持续5天。大会期间，各路善男信女以响器为前导，抬着贡献给盘古爷的整猪整羊等供品，一路焚香燃表，吹吹打打

033

百姓聚集

岁时庙会

■ 庙会祭祀牲畜

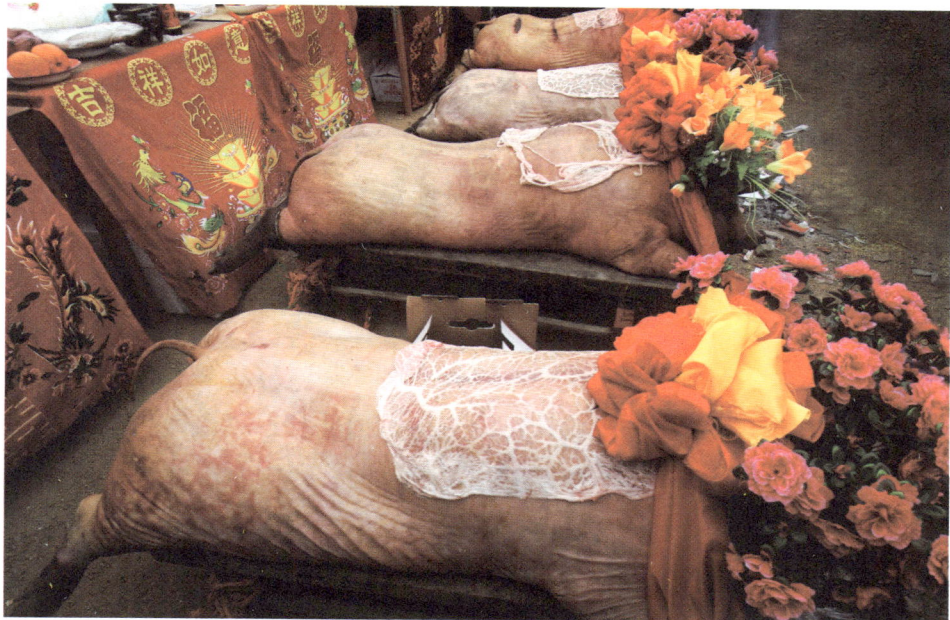

■ 庙会祭祀贡台

民间的欢聚

跪拜 跪而磕头。在我国的旧习惯中，作为臣服、崇拜或高度恭敬的表示。古人席地而坐，"坐"在地席上俯身行礼，自然而然，从平民到士大夫皆是如此，并无卑贱之意。只是到了后世由于桌椅的出现，长者坐于椅子上，拜者跪、坐于地上，"跪拜"才变成了不平等的概念。

地爬到山顶盘古寺。

祭祖时，先要燃放鞭炮，意思是告诉盘古，他的后代子孙没有忘记他的功德，今年又来祭拜他了。紧接着，人们手执香烛，躬身向盘古塑像祈祷，把自己内心深处的夙愿倾诉给盘古。

尔后，他们又恭恭敬敬地跪拜在地，虔诚地叩头祝福。有的人不惜重金捐赠香火钱，以表示自己对盘古的崇敬之情。

庙会期间，在盘古大殿前，人们用砖砌一座大约有一间房大小的香炉，专供善男信女焚烧香表。香炉根部，留有数十个方孔。方孔有两个作用，一是为了通风，使香火更旺，二是可以从孔中扒出香灰，供人们烧鸡蛋和烤馍用。

上山祭祖的人，除带香表、鞭炮、供品外，还要用布兜或提篮带上一些鸡蛋。鸡蛋烧熟后，有的当时剥皮食之，有的小心翼翼地拾入篮子，带回家去。

盘古庙会祭祖活动，一般是有组织进行的。盘古山周围分为四大域，各有域长。每年农历三月的朝祖会，由四域长轮流主持，担任会首。会首负责会期的治安秩序、香火收入的使用、戏班安排等重大事情。

盘古山周围群众之所以将盘古奉为至高无上的神灵，除了盘古有开天辟地、创造人类的伟大功业以外，还因为盘古是庇护他们安居乐业的保护神。他们祭奉盘古的主要目的，就是祈雨、求子和保平安。

庙会过后，盘古山周围总要下一场小雨，人称净山雨。朴素而又原始的思想，支撑着这里的人们安居乐业，故有俗语称：

东西南北搬，不如盘古山。

盘古山庙会，自始至终都笼罩着浓郁的神话色彩。庙会上的每一种祭祀活动，都有相关的神话传说在当地流传。河南南阳庙会，是表现南阳民俗文化的一种重要方式，同时也是一种艺术表现形式。

南阳地区最为出名的庙会，莫过于南阳独山三月三的庙会。县里面的有桐柏盘古庙会、镇平贾宋的庙会群等。

祈雨 又叫求雨，是围绕着农业生产、祈禳丰收的一种巫术活动。和其他的巫术一样，祈雨曾广泛存在于各个角落，即使到了现在，仍然有一些民族和部落保留着这个古老的风俗活动。

■ 庙会香烛

■ 民俗划旱船

腊八 是指农历腊月初八这一天。腊八节是用来祭祀祖先和神灵，祈求丰收和吉祥的节日，因相传这一天是佛教创始人释迦牟尼在佛陀耶菩提下成道并创立佛教的日子即农历十二月初八，故又被称为"佛成道节"。在我国，有腊八节喝腊八粥、泡腊八蒜的习俗。

庙会一般在寺庙附近创办，会期前几天，各地商贩从全国各地而来，各种货物很是齐全，而且质量好。

会期一到，数以千计的赶会人，便从四面八方蜂拥而来。有人去听说书看大戏，有人去拜神求仙以保平安，有人去买东西，人声鼎沸，摩肩接踵，好不热闹。杂耍诸戏，来自四方，各献所长，以娱游人之目。水煎包、油馍锅等小吃店的老板，更是从早忙到晚。

在庙会上，还有一类商贩，他们或来自异乡，或来自本土，他们在开张时，像卖针、卖线、卖木梳篦子的商贩一样，先表演一段颇为精彩的节目，吸引观众围拢过来。在表演完技法之后，劝说人们购买其随身所带的商品。

庙会是一个活的、立体的民俗博物馆。每一次庙会，都是一次民俗文化交流大会。庙会可以一年四季皆有，但不同时代和不同地区，在时间安排上又有着各自特点。

南阳地区的庙会，一般都是在风和日丽的春天开始，或选择在天高云淡的金秋，因为只有此时节，人们才有空闲逛庙会，以愉身心。

镇平县的贾宋庙会群，从农历的大年初一开始，一直持续到年底的腊八。

镇平县泰山庙庙会时间是在正月初一，地点在泰山庙前。这一天，以泰山庙为中心，人声鼎沸，热闹非凡。沿街摆满了丰盛的供品，有猪头、猪肋条肉、红烧鱼、水煮鸡、水果等，香炉里香烟袅袅，爆竹焰火此起彼伏。

泰山庙庙会的娱乐酬神形式，多年来沿用成习。主要有三，一是舞狮子，二是划旱船，三是大姑娘小媳妇在庭院里荡秋千。

所舞之狮，红、黄、绿三色构成，由年轻力壮的小伙子装扮而成。每头狮子前有一小伙子领逗，他手执铃铛环，前翻后退，上高爬低，其动作，其形象，显得粗犷豪放、威武有力。

旱船则显得轻巧活泼，上下洋溢着喜剧色彩。在贾宋泰山庙会上，旱船表演的传统段子有《猪八戒招亲》、《打渔杀家》、《大头和尚戏柳翠》、《打焦赞》等小品，伴有唢呐等乐器。

旱船主角不仅男女均可，而且老少咸宜，有些年份旱船舞后面还伴之以高跷，借以烘托喜剧气氛。

火神庙会安排在正月十五。正月十五传说是火神爷的生日。这一天，人们从中午便开始安排敬火神爷的一应供品。例如，用面蒸成的枣山、枣鱼、猪头、水果等。

人们还在香炉前许愿还愿，夜幕降临，便大放爆竹烟火，花灯齐明，人们倾家出动，到街上观看各

火神 我国神话中的神祇之一，在我国的各个民族都存在火神祭祀的风俗。但是，汉族史上记载和各民族传说中的火神形象和来历行事差异甚大，相关的信仰民俗也有不少区别，在我国最早供奉的火神为祝融、炎帝和回禄。这三位在我国历史上被百姓供奉为火神。

■ 庙会商贩

民间的欢聚

■ 河南庙会舞狮表演

老君 老子的化身，亦称老君。老君是三清尊神中受到最多香火奉祀的神明，道教相信道家哲人老子是老君的化身，度人无数，屡世为王者之师；因其传下道家经典《道德经》，故称老君为道德天尊，也被道教奉为开山祖师。在道教宫观"三清殿"，老君塑像居左位，手执蒲扇。相传老君居住在太清圣境。

家各户的彩灯，以取乐于火神爷，祈求年年平安无事，不发生火灾。

老君庙会，是贾宋庙会中唯一在一年内举办两次庙会的庙宇。一次在农历二月十五，传说是老君的生日，一次在农历六月十五，传说是老君的得道日。

南召县的庙会氛围也不淡薄，比较有名的庙会有李青店、云阳镇的土地庙会，南河店、曹店的火神庙会和尹店的三皇姑庙会。李青店和云阳镇庙会，为祭祀土地神而举办，会期都是三天。李青店庙会时间为农历二月初四至初六，一般请戏班唱两三台，剧种多为曲子、越调、宛梆等，地点在黄鸭河滩。

庙会上的主要交易品种为丝绸、山货、柴草、中药材、农具、家具、日用百货等。杂耍有背装、高跷、舞狮、玩猴、打响器等。

背装，又叫"背妆"、"背桩"，相传由民间艺人吸取戏剧、曲艺、舞蹈、雕塑等多种艺术的基础上，创造出的一种民间造型艺术。经过人们继承和改进，背装已经成为深受广大群众喜爱、具有独特艺术感染力的一种民间文艺表演形式。整个表演既惊险刺激，又诙谐逗趣。

客商主要来自相邻的嵩县、鲁山、方城、镇平、新野等地。人们喜气洋洋，在琳琅满目的货物中各取所需。

云阳镇庙会规模大、客商多、会期长、戏班多，它原来是三个庙会，由于举行的时间前后相连，久而久之，演变成了一个庙会。

邻县的鲁山、方城及湖北、山西、河北等地的客商前来赴会。交易的商品，以中药材、农具、布匹、日杂用品为主。会上有云彩灯、云里马、旱船、抬花

响器 一种方言，指的是锣鼓家伙。响器在豫西很普遍，中河乡上八村差不多村村都有。但中河村的历史最悠久、质量最好，敲打出来的花样也最吸引人，是村里唯一的传统的乐事。

越调 流行于河南及湖北北部地区，为河南三大剧种之一。其演出形式有三种，第一是皮影越调戏，第二是木偶越调戏，第三是越调大戏班。

百姓聚集

岁时庙会

■ 河南庙会吹长号

■ 庙会上的竹马表演

鹤　寓意延年益寿。在古代是一鸟之下，万鸟之上，仅次于凤凰，明清一品官吏的官服编织的图案就是仙鹤。同时鹤因为仙风道骨，为羽族之长，自古就被称为"一品鸟"，寓意第一。鹤代表长寿、富贵，据传说它享有几千年的寿命。鹤独立，翘首远望，姿态优美，色彩不艳不娇，高雅大方。

轿、放风筝等自娱自乐项目。

南阳庙会，不仅是南阳地区风俗文化的一种表达方式，也是一个商品交易场所，并由此带动了一个地区经济的发展。

中岳庙位于河南省登封县城东四公里处，太室山东南麓黄盖峰下。中岳庙既是祭祀岳神的场所，又是重要的道教宫观。

道教虽然兴起于东汉时代，其来源却是我国远古时代的巫术，后来继承了秦汉以来的神仙方士之传统，历史渊源较长。中岳庙是道教在嵩山地区的最早基地，原是为了祀奉中岳神而设的。

道家尊中岳庙为"第六小洞天"，他们认为这里是周朝的神仙王子晋的升仙之处。王子晋又名王子乔，传说是周灵王的太子。他喜欢吹笙作凤凰鸣声，游于伊水和洛水之间。那时嵩山有一个道士叫浮丘公，接他上嵩山。

几十年后，有人在山中见到他，他说，告诉大家，七月初七，在缑氏山头等我。那日，果然见他乘白鹤，盘旋数日后才离去。于是后人在缑氏山和嵩山的顶上都建立了神祠纪念他。嵩山峻极峰以东的白鹤观，背负三峰，左右皆绝壁，即为纪念王子晋而建。

此后，每年的农历三月初十和农历十月初十，这里都要举行传统的中岳庙会。后来，宋代政道合一，中岳庙会进入鼎盛期，中岳庙会逐渐发展成为重要的商品交易场所。

中岳庙会会期长达10天，人数最多时，每天达20万人次。庙会仍保留着许多古老的习俗，如拴娃娃、拜干爹、摸铁人等。

拴娃娃是流行在当地的一种求子习俗。娃娃是一种用黄泥捏成的泥人，捏好晒干后涂上色彩，娃娃有男女之别。拴娃娃的地点，一般都在中岳庙后院的崇圣门周围和寝殿里。求子的人在嵩岳大帝和嵩岳娘娘的塑像前燃香叩头，要男要女，红头绳要绑在娃娃的脖子上，呈蝴蝶结形状，飘逸潇洒。

妇女们接过娃娃后，将娃娃抱回家里，放在床头上或苇席下。如愿以偿生下孩子后，在孩子周岁时到中岳庙里向嵩岳娘娘还愿，以此作为嵩岳娘娘施子之恩的一种报答方式。

在中岳庙崇圣门的东侧有4尊铁人，宋代治平元年铸造，是我国形体最大、保存最好的4个"守库铁人"，称它们为"镇庙铁人"。

方士 尊崇神仙思想而推奉方术之士。《史记》记载："方士欲炼以求奇药。"方士的出现不晚于周，至秦汉大盛，并逐渐形成了专门的方士集团，即所谓方仙道或神仙家。又以所主方术不同而有行气吐纳、服食仙药、祠灶炼金、召神劾鬼等不同派别。神仙思想及其方术，成为后世道教的核心内容与精神支柱。

041

百姓聚集

岁时庙会

■ 嵩山中岳庙

传说金兵南侵，铁人准备渡河抗金壮志未酬，当地的百姓对铁人充满了崇敬之情，把它们奉为守护神。孩子周岁时，要到中岳庙的铁人前举行挂锁仪式，把铜锁或银锁先挂在铁人的臂膀上，然后让孩子焚香叩头。

然后将锁从铁人身上取下，挂到孩子的脖子上时，就意味着锁是铁人送给孩子的礼物，孩子受到铁人的保护，以后就会平安健康。这种习俗，有人称为"挂锁"，有人称为"拜干爹"。

传说如果身体的哪个部位疼痛不适，只要摸摸铁人与自己相同的部位，这样，病痛就会减轻甚至痊愈。

除了这些，庙会上还有舞狮子、旱船、高跷、火龙舞等民间艺术舞蹈表演，还可见到具有浓烈信仰色彩的各种吉祥物，如各种长命锁、玉如意、宝葫芦、香袋、辟邪剑和生肖石等。

阅读链接

洛阳关林庙会起源于对关公的祭祀。人们出于对关公的敬仰，对神灵的敬畏，前来祭拜祈愿，关林庙会因而产生发展起来。至明代，随着皇帝对关公的逐步加封及全国关庙的普遍兴建，关林庙会日益兴盛。

1592年，关林已经形成数万人规模的"关王冢会"，香烟浩荡，百姓云集，远近闻名。当时既有丰盛的祭品，也有民间社火前来助祭。

到了清朝，祭祀关公最为隆重，每年正月十三春祭，五月十三诞祭，九月十三秋祭均由地方官主祭，附近"官邸神社助兴"，声势浩大。关林庙会也由庙内延伸到庙外，这时期除原来出售香、帛、蜡以外，民间小吃摊贩开始出现。

由于庙会规模的扩大，各种交易活动逐渐增多，庙会会期也随着发生了变化，改一年三会为每月十三一会，后来改为每月初三、十三、二十三会。

规模宏大的陕西各地庙会

在陕西，很多有庙宇的地方基本上都有庙会。各个庙会都有会长，负责布施化缘，将捐来的钱交到会上，或者修理庙宇，或者购买粮食以供过会的香客食用。也有很多人逛庙会是为了看热闹，因为庙会均唱大戏，人山人海，热闹非凡。

唐宋以来，陕西宝鸡县城镇、乡村、名山各处建造庙宇众多，各处寺庙大都定有会期，庙会繁多。

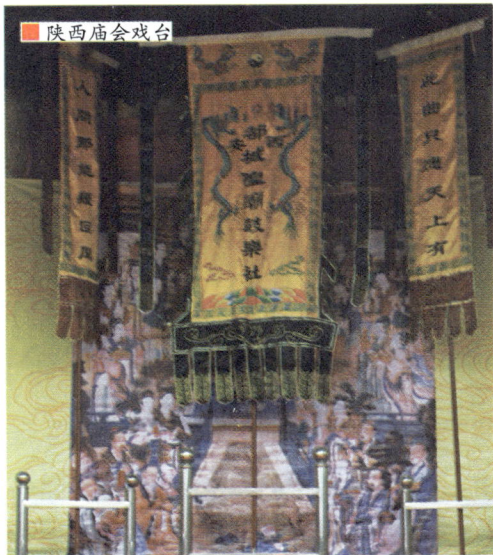
陕西庙会戏台

其中，规模较大的有正月初九九龙山、十二钓鱼台、十六虢镇火神庙；二月初二通洞、十五景福山；三月初三佛岩崖、十五磨性山；四月初一武城山、初八虢镇城隍庙会等。

■ 庙会上的说书表演

　　春季多是佛爷、老君、周公、药王庙会；夏末冬初为娘娘、山神、关公庙会。逢庙会，由所属区域内的会长筹划，供香火，请戏班子，收布施，备膳宿。

　　每年的二月初八甘峪庙会时，到县城接火神极为隆重。由寺方圆十八村联合举办，备大鼓、铰钹、彩旗、铁炮等，户均一人，由总会长率领，浩浩荡荡，直抵县城火神庙前。

　　先由总会长敬神，再抬上火神雕像，由身着法衣的道士背印盒、跨骏马前导，众人后行，锣鼓彩旗尾随。凡经商店与所过的村庄，均得摆礼桌，供香火，备茶水迎送。神到，即供于神龛，隆重祭祀，唱大戏三天。

　　佛岩崖又称西武当，每年的三月初三逢会开莲社，关陇士庶争相赴会。各地三教九流人等，纷至沓来，会期有大戏助兴。四方农具、百货、文具、玩具、铁器应有尽有。丝竹悠悠，旌旗飘扬，烟云霭霭。入夜，遍山灯火，善男信女诵经之声不停。

　　四月初八原为虢镇城隍庙会，自立会以来，初七夜遍街曲子、江湖、茶会、歌唱通宵。因此时临近夏收，农民借此会买卖夏收农具，名为庙会，实则为物资交流。

陕西的华山庙会于阳春三月、万物皆生时节举办，取意于华山之神拯救万物、普降甘露之意。

华山古已有名，早在秦以前，就有皇帝巡游、尧四巡华山。周武王、成王、恒王等，都曾有巡狩华山的记载。自秦始皇开始祭封华山以来，汉武帝、武则天、唐玄宗、清乾隆等历代帝王，均对华山进行过大规模的祭祀活动，并禅封华山之神少昊为"金天大利顺圣帝"。

汉武帝元光年间于黄埔峪，建集灵宫，并亲自主持祭祀举行封禅之礼。东汉桓帝时，将集灵宫迁于西岳庙址，并更名为西岳庙。

从此，西岳庙成为历朝历代封建帝王祭祀华山的神庙，其建筑制极高，形似北京故宫，宏伟壮丽，庄严肃穆。

在汉以后的隋、唐、宋等朝代，又在山下修有拜岳坛作为祭山场所，以祈祷风调雨顺、国泰民安。清乾隆皇帝曾数次祭祀华山。

1777年，乾隆皇帝曾用白银12万两，修西岳庙和玉泉院，历时3年，西岳庙方大功告成。

历代帝王把祭祀华山，作为一件必不可少的大事来办，帝王或亲自至西岳庙举行盛大拜岳大典，或派使臣

■ 陕西庙会锣鼓表演

■ 仓颉纪念塑像

民间的欢聚

谷雨 是二十四节气的第六个节气，每年4月19日～21日视太阳到达黄经30°时为谷雨，源自古人"雨生百谷"之说。同时也是播种移苗、掩瓜点豆的最佳时节。谷雨是春季最后一个节气，谷雨节气的到来意味着寒潮天气基本结束，气温回升加快，大大有利于谷类农作物的生长。

和当地命官代替朝廷，在规定日期内祭祀西岳。由于帝王如此崇敬华山，所以华山上下到处都有观、院、宫、祠的建筑，华山道教徒及四方香客更是信奉至极。

每年的农历三月初一起，华山庙会开始后，就不断有大量的信徒、香客来到西岳庙、玉泉院、云台观等上香磕头，添油还愿。

三月十五是华山庙会的正日，这一天西岳庙举行盛大的拜岳大典，玉泉院等道观、院，有诵经参拜山神的活动。华山脚下从早到晚人山人海，香烟缭绕，最为热闹。

这一天也是人们登山朝拜之期，从西岳庙、云台观、玉泉院至南峰之巅，往来交错于峻岭之间，喧闹之声数十里之外可听到。朝拜之人所施的香资，足够庙、院一年之费用，华山庙会一年胜似一年。

陕西白水县的仓颉庙，在每年的谷雨时节举办庙会，会期7至10天。以前，白水县洛河以北的百十个村子，成立有专门的庙会组织，称为十大社。一年一度的庙会由十大社轮流主办。

庙会前半个月的清明节，十大社的会长来仓颉庙烧香膜拜，祭扫仓圣之墓。随后开会商量本年度庙会事宜。这天，各大商号、戏剧团体、乐户、纸炮商争相到庙内报到。同时决定请剧团、乐团等各项事项。

庙会前几天，社长和住庙和尚一起清扫庙内庙外，冲刷石碑、砖雕、柱联等，并请当地有名望的文人给庙内各处题写新对联。

主持庙会的社家，于谷雨前两天，到庙里请回仓颉泥塑像、神楼和全副执事，置于村内显眼处，又请一剧团给仓颉神唱一天两晚大戏，此谓偏寨，表示社家村民对仓圣优先祭祀。

谷雨这天，庙会正式开始。天放亮后，执事队进庙。古老的三眼枪在先，鸣枪开道，10面龙凤旗和12面五彩旗紧随，8面开道锣和"肃静"牌等相跟。接着，是成双成对的龙头、金瓜、斧钺、偏戟、云牌、大刀、长矛等各式法器，继而是一把高擎的万民伞。

伞后是金顶红罩的仓圣神楼，下有24根护庙棍排列两行。5张楠木桌抬上香器、祭器、香表纸炮和各式供品。十大社社长随后，两班乐户吹吹打打，三眼枪、万字头鞭炮压后。万名观众围观，气势庄严肃穆。

执事队进入山门，三眼枪向东西二戏楼上空开枪，两台大戏同时开演，谓之迎神戏。戏不能乱唱，有一定的剧目和套数。

执事队进入献殿，在法器、乐器、钟鼓及鞭炮声中安主敬神。总会长领十大社社长及社会各界头面人物捧着盘子，分别将十八罗汉和八

砖雕 我国古建筑雕刻艺术及青砖雕刻工艺品，由东周瓦当、汉代画像砖等发展而来。在青砖上雕出山水、花卉和人物等图案，是古建筑雕刻中很重要的一种艺术形式。主要用来装饰寺、庙、观、庵及民居的构件和墙面。

■ 庙会高跷艺人

民间的欢聚

仙雕像、供板、供礼献于供桌上，上香祭酒，三叩九拜。接着，列于殿前致祭，脱帽三鞠躬，唱歌颂仓圣的歌：

昔年创文字，以存利，大哉仓圣，何巍巍；启文明，伟功居然垂宇庙。以存世，万世治泽。

■ 庙会"点爆竹"

然后，百姓致祭，献上专为仓颉做的各种有图案的花花馍，上香叩拜。仓圣庙唱戏，讲究很多。总的来说就是：

东起西落，先打后接，一本圈三折，一直唱到鸡叫时。

仓颉 原姓侯冈，名颉，史皇氏，陕西省渭南市白水县人，享年110岁。《说文解字》中记载：仓颉是黄帝时期造字的史官，被尊为"造字圣人"。我国原始象形文字的创造者，我国官吏制度及姓氏的草创人之一。传说他仰观天象，俯察万物，首创了"鸟迹书"震惊尘寰，堪称人文始祖。仓颉庙是国内唯一仅存的纪念文字发明创造的庙宇。

东台先开戏，西台早停戏，谓之"东起西落"。晚上演出，先演武打戏，再演文戏接台。每次开戏后，唱一本带三折，此谓一本圈三折。天不明开戏，日夜不停，鸡叫时仍在唱，此谓天明戏。两台戏对演，以群众多寡判断戏之好坏，谓之对台戏。

戏唱得好，会长带善男信女，高举红漆木盘，内置大红贺帖，酒肉菜肴，在吹鼓手吹奏声中走过看戏人群，把盘内东西送上舞台，以示嘉奖。对输者，则鸣鼓警告，让其换戏。

所以，剧团在演出期间，每次同时化妆两本戏，一本打回，另一本马上开演。戏演到第四天后，吃饭可停戏，演员和观众才有了一点喘息的机会。

庙会期间，商铺林立，商品充足。每社抽10名青壮年，维护庙会治安。庙会结束，护送商号返回，东到澄城长宁河，南过洛河坡，北至黄龙山外，以防土匪抢劫，败坏庙会名声。

庙会进入第三天或第四天，往往下雨，叫洗庙雨。春雨贵如油，给新的一年赋予了收获的希望。

各地庙会在内容上虽有所不同，但作用是相同的。如今，庙会剔除了封建迷信的糟粕，传承下来，不禁丰富了劳动人民的文化娱乐生活，而且对促进地方经济繁荣，也起到了积极的作用，不失为中华民族的一种良好的传统风俗。

阅读链接

卷阿周公庙庙会也是陕西的一大庙会。卷阿，在岐山县城北7000米处，庙为纪念西周政治家周公姬旦而建。自北宋以来，每年农历三月十二至二十二，西自甘肃，南到四川，东自河南的游客商贾，便如潮水般拥向周公庙。

庙内从早到晚鞭炮声不绝，香烟弥漫。他们或进香祈求孕育，或观光游览，或收集古玩，或易物献艺。地方杂货、日用土产品比比皆是，泥玩具随处可见。

还有灵山会。灵山，在凤翔县城西，有释迦牟尼佛涅槃像。灵山会相传始于唐代。每年从农历四月初一起，凤翔、千阳、陇县、兴平、武功的善男信女赴净慧寺拜佛者，数日不散。这五县的商贩输送山货、土产、民间工艺品及农具、日用品参与交易。

丰富而盛大的山西各地庙会

　　旧时山西庙多，境内几乎村村皆有庙，原平县一个叫辛章的村子竟有庙宇27座。就连那些三五户人家的山庄窝铺，也会有一座五道庙或奶奶庙之类的小庙。可见当时祀神风俗的普遍。

　　既然是庙宇，自然要祭祀，祭祀的日子通常在寺庙节日或规定日期举行。由于祭祀之日香客众多，游人蚁聚，一些商贩便摆摊售货，

五台山菩萨顶

久而久之，就形成了庙会。

■ 民俗画《二月二》

山西的庙多，庙会自然多，寿阳县旧时每年较大的庙会有上百次之多，晋北小县河曲412个自然村，每年大小庙会90多个。至于著名的佛教圣地五台山的寺院庙会，民间有谚形容：

四大会，八小会，七十二个普通会。

黄河在山西境内自北而南，到芮城风陵渡突然转了个弯，向东流去。这里自远古时期就成为人类的居住之地，他们世世代代在此繁衍生息，创造了璀璨的古代文明。

每年二月二"青龙节"举行的"合河古会"，就保持了这样古老的风韵。透过这原始稚朴的表演，把人们拉向那遥远的旧石器时代，看到了中华民族源远流长的文化长河。

五台山 我国佛教寺庙建筑的最早地方之一。自东汉永平年间起，历代修造的寺庙鳞次栉比，佛塔摩天，殿宇巍峨，金碧辉煌，是我国历代建筑荟萃之地。雕塑、石刻、壁画、书法遍及各寺，均具有很高的艺术价值。

马神壁画

"二月二"，俗称"青龙节"，又叫"龙抬头日"，是汉族许多地区的传统节日。

这一天晋北一带有"洒水引龙"的习俗，就是往茶壶里放上几枚钱币，在河边或井上灌上水，沿途滴洒，留下一条水迹，回家后把壶里剩下的水和钱币倒在缸里，认为这样可以引回钱龙，一年之内发财致富。

晋东南一带有"撒灰引龙"的习俗，即用灶灰撒一条弯弯曲曲的线，从门外引到屋内，绕水缸再撒一圈，认为这样可以引回钱龙，招来福祥。

晋南不少地方出于对龙的敬畏，形成了不少禁忌，例如"二月二"这一天不许到河边、井上挑水。到河边、井上劳作时不许喧哗和弄出声响，以免惊动青龙，破坏了风调雨顺的好年景。

在黄河岸边芮城风陵渡镇南端的合河村，则在这一天举行河古会。村民们在当地的泰山庙，祭祀五岳之首的"黄飞虎"神。祭祀队伍浩浩荡荡，身着红色上衣的数十名女青年，手执饰有龙图案的鸾驾，组成仪仗队。

德高望重的长辈挑着花篮前行。四位老太太和四位老头儿分别抬着两座置有泰山神神龛的轿子，泰山神"黄飞虎"的扮演者骑着牛行进在队伍中。

最为引人注目的是男子们有的扮演成粗犷强悍的天神、地神、武将、文臣及八仙、俗神。有的赤身裸体，腰系土布裤衩，身背铡刀、冰块、石磨，肩扛粗大的房檩，手执铜锣，大展阳刚之气。

一方面表现了古人对神明的敬畏，另一方面又显示了人的自身力量和对命运的抗争。古会活动显示了由娱神到娱神兼娱人，再到庆节娱人的演进轨迹。

最为奇特的是，合河人把马精心打扮一番，为它披红戴花插令旗，尊称为"神马"，由化装成武士的人牵着，沿着村街绕转，走到各家各户门前，无论谁见了"神马"都必须下跪叩拜。

这一天，村民们还要把家中最珍贵的宝物拿出

神龛 一种放置神明塑像或者是祖宗灵牌的小阁，规格大小不一，一般按照祠庙厅堂的宽狭和神位的多少而定。比较大的神龛有底座，是一种敞开的形式。祖宗龛无垂帘，有龛门。神佛龛座位不分台阶，依神佛主次设位；祖宗龛分台阶按辈分自上而下设位。因此，祖宗龛多为竖长方形，神佛龛多为横长方形。

■ 寺庙

庙会上的龙腾壁画

民间的欢聚

图腾 是原始人群体的亲属、祖先、保护神的标志和象征，是人类历史上最早的一种文化现象。运用图腾解释神话、古典记载及民俗民风，往往可获得举一反三之功。图腾就是原始人迷信某种动物或自然物同氏族有血缘关系，因而用来做本民族的徽号或标志。

来，插在花篮或花伞上面，给泰山神献宝，俗称"亮宝"。这一天还有传统的民间社火表演，如民间小戏、民歌、旱船、高跷、耍狮子、三驴载车等，内容丰富，表演精彩。

合河古会保留了远古社会的遗风，反映了人类社会初期古朴的宗教巫术信仰，体现了民俗的原始性特征。

从合河文化遗址出土的哺乳动物化石看，已有牛、鹿、象、马等多种动物，与在此之前的西候度文化和蓝田文化，和其后的丁村文化，都有着不可分割的关系。

古人在与自然和动物的斗争中，产生了动物崇拜，合河古会活动中对马、牛的尊崇，即是例证。民间流传的关于风陵渡来历的神话，说明这里是以龙为图腾的黄帝部落的活动地。

相传，黄帝与炎帝战于"涿鹿之野"。涿鹿，即"浊陆"，是晋南解州附近浊泽边的陆地。炎帝十分凶悍，搬来大雾，使黄帝的军队迷失了方向，多亏黄帝贤臣风后制造了"指南车"，使军队能辨别方向，走出困境，获得全胜。

在这次大战中，风后献出生命，黄帝十分悲伤，就把他安葬在秦、晋、豫三省交界的渡口上，风陵渡因此而得名。后来，黄帝经过阪泉之战，与炎帝结为联盟，组成了华夏民族。

华夏民族以龙为图腾，合河古会的时间设在二月二"青龙节"，便体现了对龙图腾的信仰。而泰山神"黄飞虎"骑牛、合河人祀奉马，也与龙崇拜相一致。因为在龙形象里，可以找到蛇、鱼、凤、麟、鹿、马、牛多种动物的影子。而对牛、马崇拜与对龙的崇拜，是有着前后渊源关系的。

洪洞广胜寺一年一度的古庙会，是在每年农历的三月十八，庙会会期为5天。前后共5天的庙会，使广胜寺人山人海，形成节日般的热闹气氛。

庙会期间，霍县、汾西县、临汾市、襄汾县、安泽县、古县，侯马市的客商、游人，赶会的男女老幼，络绎不绝地从四面八方向广胜寺汇聚。

庙会期间，广胜寺前，售货的、摆地摊的、跑马卖艺的、演戏的、耍杂技的，各行各业，各显其能，吸引着广大顾客和游人。

炎帝 烈山氏，号神农氏，又称赤帝，华夏始祖之一，与黄帝并称为中华始祖，是我国远古时期部落首领。炎帝制耒耜，种五谷。立市廛，首辟市场。治麻为布，民着衣裳。作五弦琴，以乐百姓。削木为弓，以威天下。制作陶器，改善生活。他与黄帝结盟并逐渐形成了华夏族，因此形成了炎黄子孙。

百姓聚集

岁时庙会

■ 洪洞广胜寺庙会

南無阿彌陀佛

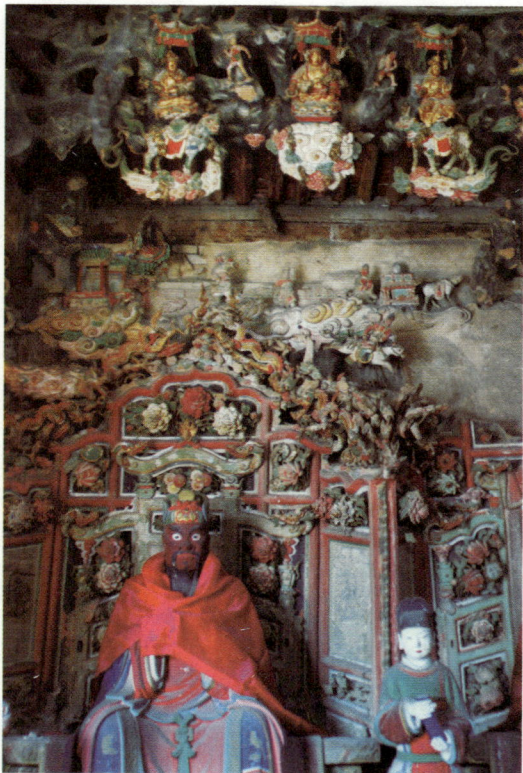

■ 水神雕塑

广胜寺，是一处古老的寺庙，始建于东汉建和元年。唐代汾阳王奏诸朝廷进行整修扩建，取"广大于天，名胜于时"，更名广胜寺。

寺院建成后，附近的百姓、邻县的文人学士、官吏佐相继慕名来广胜寺拜佛求愿，祭祀观光，小商小贩也随着游人的增多开始做起生意，这就形成了广胜寺庙会的雏形。

把广胜寺庙会定为三月十八，是由于霍泉水承担着附近良田的灌溉任务，因而，人们祭祠水神已属古代的正常行为。农历三月十八，是传说中的水神诞辰。民谚有："三月十八，麦怀娃娃。"

这个时候，麦田管理基本结束，收麦季节快要到来，农民需要购置农用器具和生活用品，正是这些原因，形成了农历三月十八的定期庙会。

元朝时，庙会规模已经相当可观。元代延祐时期的《重修明应王庙碑》记载在三月十八日庙会：

城镇村落，贵者以轿蹄，下者以履，携妻子，与老幼而至者，不可胜既……为集数日。……而后，顾瞻恋恋，犹忘归也。

知县 秦汉之后，将县令设为一县的主官。宋朝时期常派遣朝官为县的长官，管理一县的行政，称"知县事"，简称知县，如当地驻有戍兵，并兼兵马都监或监押，兼管军事。元代县的主官改称县尹，明、清以知县为一县的正式长官，正七品，俗称"七品芝麻官"。

这段文字，记载了人们当时踏青观景的盛况。1276年的《重修明应王殿碑》记载：

> 每岁季春仲旬八日，为神降日，萧鼓香烛，骈阗来享者甚众。

来广胜寺祭水神的人，自然是平民百姓，而且是受益于霍泉水的附近村民百姓。

据《洪洞县志》载：每年农历二月二，洪洞、赵城两县要在广胜寺进行祭水庙会。逢此日，广胜寺人山人海，两县知县及地方绅士都来参加。

但见庙会中有敲锣打鼓的，有放三眼冲的，还有卖油糕、豆腐菜、羊杂烩等各种风味小吃的。在这众多的摊点中，最引人注目的是两县来的烹饪高手，在此架起油锅炸馓子。馓子，是洪洞县特有的一种油炸食品。

■ 广胜寺一角

特色美食—馓子

民间的欢聚

铜钱 春秋战国时期，随着商品经济发展，使在流通中要分割和鉴定成色的金属称量货币逐步不适应，而被金属铸币所取代。我国历代古钱币大多数是以铜合金形式铸造的，方孔钱是古代钱币最常见的一种。

这既是一场技术表演比赛，又是祭水前的必要准备。待炸出的馓子在大方桌上堆成了"山"，人们开始祭水。祭水由"水神庙"高僧主持，主要内容是向莲花池投馓子。

说来奇怪，每投进10个馓子，到了分水亭，必然分成北面7个，南面3个。经过测量，两面的水流量之比为7比3。

为什么三、七分水，民间流传着这样一个故事。在很早以前，洪洞、赵城两县人为争夺霍泉水经常发生争斗，甚至出了人命。后来两县达成协议，在滚沸的炸馓子的油锅里，放10个铜钱，每县推选出一个代表用手捞，依据捞出的铜钱数分水。结果赵城代表捞出7枚，洪洞代表捞出3枚，于是便修筑了这个三、七分水的亭子。

农历三月十八，从祭祠水神到参观游览，从参观游览到物资交流、集市贸易，无论从物资上、精神上，都使广胜寺古庙会经久不衰，而且越来越兴旺。

娄烦县城"四月二十五"古会闻名于省内外，是全县人一年当中聚会欢庆最大的集日，时间从四月二十左右开始到二十七、二十八结束。人数可达六七万之众，即全县一多半人口都欢喜雀跃地来参加此会，古会内容主要是商品交流和文艺表演。

四月二十五古会是以三教寺为依托发展起来的集会，每年在三教寺寺院内都有一台戏曲表演。

三教寺原位于旧娄烦镇中心，始建于北朝北周，因庙内供奉佛教始祖释迦牟尼，儒教始祖孔丘和道教始祖李耳而得名。唐、宋、金、元、明、清隔代都有补建修葺。

在大雄宝殿内供奉着三教始祖塑像，其建筑气势宏达巍峨，为木结构建筑，梁柱粗长，屋顶镶嵌黄绿蓝琉璃瓦，屋顶插有吻鸱。

前庭的飞椽上有19组大型莲花斗拱，构建精致，交织层叠，巧夺天工，体现了我国古代高超的建筑艺术。庙内有历代的各种塑像，千姿百态，栩栩如生。山门两边的哼哈二将泥塑高大雄伟，令人望而生畏。

三教寺金碧辉煌，大雄宝殿东西两侧有偏殿和厢房，另有斗战胜佛孙悟空殿、地藏王菩萨殿等，具有浓厚的宗教文化色彩。

娄烦"四月二十五"古

斗拱 亦作"斗栱"，我国建筑特有的一种结构。在立柱和横梁交接处，从柱顶上的一层层探出成弓形的承重结构叫拱，拱与拱之间垫的方形木块叫斗。两者合称斗拱。也作枓拱、枓栱。由斗、拱、翘、昂、升组成。斗拱是我国建筑学会的会徽。

059
百姓聚集

岁时庙会

■ 霍泉

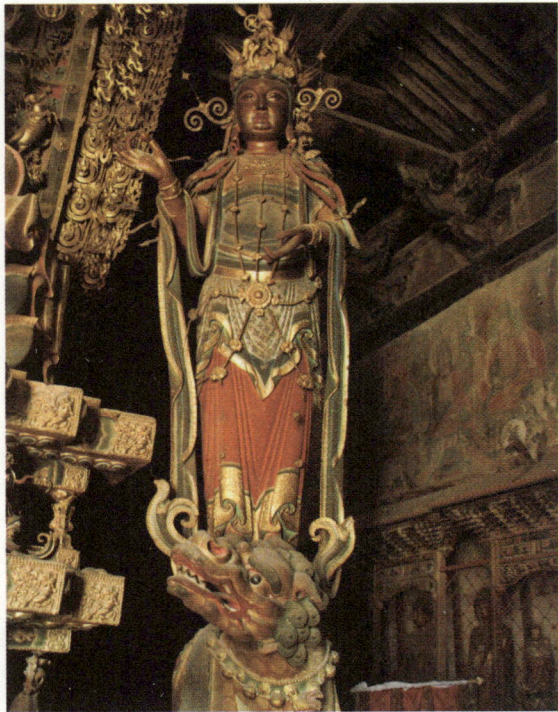
■ 三教寺佛像

会历史悠久，影响广大。据传说在1877年的时候，一春无雨，进入初夏沟干水涸，遍地生烟，粒种难下。眼看灾荒及至，民难求生，父老乡亲只得到处祈求龙王显灵降雨。

有3个儿童盼雨更急，他们将土地庙里的泥塑像搬回家中，在其头上披上三家寡妇的洗锅布，至于水瓮旮旯，求告三天内下雨。

三天过去后还是无雨，这3个孩子又去龙王庙里哭着祷告降雨，求救众乡亲的性命，并说如能下雨要为龙王唱戏谢恩。祷告完毕，果然下了一场喜雨，这天正好是农历四月二十五，于是娄烦县上的人们筹钱搭台为龙王唱了几天谢雨戏。

据说，这年山西其他地方全年无雨，颗粒无收，而娄烦地区例外地下了救命雨。以后年复一年，雨戏从不间断，逐渐演变为娄烦人民的传统节日。

到三教寺"谢雨"这一宗教活动不断发展完善起来，出现了名目繁多的宗教活动，为了争取信徒、招徕群众，在宗教仪式上均增加了娱乐内容，如舞蹈、杂技等。同时，各种社会组织也主动前往助兴，于是这些宗教活动逐渐世俗化。

地藏王菩萨 也叫地藏菩萨，因其"安忍不动如大地，静虑深密如秘藏"，故名地藏。为佛教四大菩萨之一，与观音、文殊、普贤一起，深受世人敬仰。以其"久远劫来屡发弘愿"，故被尊称为大愿地藏王菩萨。

由民间俗众出面协商举办这一变化，使四月二十五古会更加热闹，商业性和娱乐性加强，在保持祭祀活动，同时，逐渐融入集市交易活动。

一些手工艺人、小商小贩、店铺、流动商贩赶来进行贸易活动。每年的四月二十五古会实际成了商品交流贸易的大会，各地商贩就地摆摊，经营各种民间传统商品，特色货物也聚来这里兜售。众多的江湖医生、艺人，也来行医卖艺。

本地饭铺、小吃摊星罗棋布，卖烧饼、包子、馄饨的饭棚高声叫卖招徕饭客。街道两旁、戏院周围全部撑篷搭帐。数里长街上，日用杂货、布匹服装、食品饮料、农副产品、土特土货，琳琅满目，堆积如山，唱戏的更使人流连忘返。

周洪山位于娄烦县城的北部，海拔约1.8千米，南北朝时期北周孝闵帝宇文觉于557年，狩猎至此，宇文觉登基前被封周公，故名周公山。后被人误称为周洪山，并一直沿用了下来。

龙王古庙会因周洪山上的古刹"普净寺"而来。普净寺修建于周洪山上，唐朝贞观年间，唐太宗李世民敕旨佛教禅师觉玄和尚来此建寺，是全国较早的佛教文化建筑。

寺庙由寺院和戏院组成，寺内设释迦佛殿、千手观音殿、地藏菩

宇文觉（542年~557年），北周孝闵帝，宇陀罗尼，鲜卑族，代郡武川人，宇文泰第三子，母为北魏孝武帝之妹冯翊公主。宇文泰死后他袭职，后废西魏恭帝，称帝，史称北周。

■ 龙王塑像

民间的欢聚

龙王庙

萨殿、韦陀菩萨殿、龙王庙等12座殿宇，戏台一座。寺庙占地面积不大，该寺共有一处三院，由于年代已久，有很大损坏，历代朝廷与民众多次捐款对寺院进行修葺。

这里保存有金代皇帝完颜永济于崇庆年赐、金礼部尚书补修的石碑，另外，还有十多处通于唐宋以来记载历次修葺寺院、佛事活动和社会状况的碑石。殿宇宏大，佛像栩栩如生。

关于普净寺的修建还留下许多美丽动人的传说：

相传普净寺的寺址原来选在娄烦县三元村堡子梁背后的神堂坪，而且基建材料木石、砖瓦等已经运到这里。可是动工那天早上，建筑工到庙址一看，所有的建筑材料全不见了。

一问寻，放羊人说在周洪山顶上了。于是当时有关主管的人就重新把寺址定在周洪山山顶，理由是神

显灵 指在信仰中，神灵对个人愿望和请求的应答，或神灵的短暂显现。道教中，道士们会通过道场向特定的神灵传达百姓的愿望，对于愿望的实现，也称为显灵。

仙显灵，指示出寺址。

随着普净寺的修建，宗教活动也相应开始形成，在寺庙的节日或规定的日期举行，多设在庙内及其附近，菩萨诞辰、佛像开光之类盛会乃应运而生。

早期庙会仅仅是一种隆重的祭祀活动，但随着规模的不断扩大，信徒不断增加，商贩为供应游人、信徒，百货云集，逐渐形成庙市。

随着经济的发展和人们交流的需要，庙会就在保持祭祀活动的同时，逐渐融入集市交易活动，成为集市的一种形式，这时的庙会又得名为"庙市"，成为我国市集的重要形式，随着人们的需要又在庙会上增加娱乐性活动，于是庙会又增加了人们在忙碌的一年当中难得的休闲放松的内容。

在农历五月初五的龙王庙会之际，会期一般从五月初五到五月初八四天。本县境内远近村庄的男女老

开光 是宗教活动中最基本内容之一。所谓开光，就是给一些物品，如神像等吉祥物赋予"灵气"。开光的正式启用来自道教，开光即为道教仪式之一。开光就是把宇宙中无形的、具有无边法力的真灵注入到神像中去，神像也就具有无边法力的灵性。故而开光是神像被供奉后，必不可少的仪式。

■ 庙会上的艺人

■ 普净寺神像

民间的欢聚

观音 又作观世音菩萨、观自在菩萨、光世音菩萨等，从字面解释就是"观察世间民众声音"的菩萨，是四大菩萨之一。她相貌端庄慈祥，经常手持净瓶杨柳，具有无量的智慧和神通，大慈大悲，普救人间疾苦。当人们遇到灾难时，只要念其名号，便前往救度，所以称观世音。

少成群结队拥来，当时妇女们因裹成小脚行走不便，则骑着毛驴由男人照料来赶会。周边方山县、岚县、交城县、清徐县的清源和徐沟等地的不少商人来娄烦做生意。

五月的周洪山，灌木葱茏，山花烂漫，百鸟歌唱，惠风习习。山坡上，这里撑篷，那里搭帐，各种货物琳琅满目，各种饭菜冷饮随风飘香。

客人们或头罩毛巾，或手执旱伞，姑娘、媳妇们身着花红柳绿的衣服，她们这里瞧瞧，那里转转，像流动的山花，与山上的灌木花丛相映衬，把整个周洪山打扮得更加绚丽多彩。

山顶戏台上紧锣密鼓，笙笛管弦悠扬悦耳，生旦净丑竞相献技，山顶山坡，山上山下，人流如潮。乐器声、唱戏声、叫卖声、人们的欢笑声，交杂融汇成了一曲盛大的交响乐。

周洪山古庙会历时1200多年，是娄烦历史上规模最大、远近闻名的古庙会。可惜由于历史原因，普净寺多次破损或被毁。历代朝廷和群众对这一孕育了娄烦深刻文化的文物古迹情有独钟，多次维修或重建。

人们修复了普净寺大佛殿、文殊菩萨庙、观音庙、玉皇大帝庙，中断了50年的周洪山每年一度的五月端午古庙会又恢复了活动，重新焕发出了青春。

旧时的大同府，每年从农历五月十一开始，都要举行为期8天的城隍庙会，这是方圆百里乡亲们的一次盛会。

传说五月十一是城隍的诞辰。这天，天刚亮，人们就开始往这里集中，人们一大早就套好牲口，老人妇女乘坐着马车，铃铛作响，青壮男子骑着骡马，哼着地方小调，也有不少人结伴而行，有说有唱。

庙会上最隆重的场面是祭祀城隍。农历五月十一清早，先要举行祭祀典礼仪式。由80家会首中选出主祭一人，带领助祭若干人及全体会首，身穿长袍，依次排列在城隍庙正殿前，随着司仪高喊"奏乐"，磬、钟、鼓齐鸣，主祭首先申文纳表，焚香摆供，给城隍爷上万年寿，为百姓祈祷平安。

接着全城文武官员也来叩拜，为城隍祝寿。祭典仪式完毕，从各地赶来的善男信女摆上供品，烧香磕头，求子、求寿、还愿。

还有人为了表示对城隍的虔诚，甚至口衔牲口的嚼环，背压马鞍，从城隍庙外爬到庙内献上绸缎等物品。来祭祀的人摩肩接踵，络绎不绝，大殿前焚化的铁灰炉高达4米，燃起的锡箔火焰直冲云天。

山西庙会上的戏曲

■庙会上的乐器

东西两廊十殿阎王及鬼判前的香炉里也是火光闪烁，烟火弥漫，天盘里用来祭献的绸袍等成堆垒起，专司祭品的人员将酒肉、糕点等祭品源源不断地运送到库房。

庙会的组织机构最早叫"城圣神"，后来又改称为"盖城社"。每年庙会之前，由大同绅商各界推选出有财产、有名望的头面人物数十名担任神社的会首，由会首中推选出一人任主祭，若干人任助祭。

庙会结束后，选出下届新会首，由神社鼓乐喧天地把请帖送到新会首门上，这些新会首自然是非常荣耀的。

祭祀城隍的活动由来已久，周朝除夕要祭祀八种神，其中就有"城"和"隍"。在古代，"城"是城墙，"隍"是无水的城堑。

它们本来是防御战争的实体，在人类自身能力极为有限的历史条件下，出于对自然界的崇拜和恐惧，同时为了增强防御的精神力量，就赋予它们以神的品格，把它们当作守护城池的神。

据《续道藏》记载，道教以城隍为"剪恶除凶，护国保邦"之神，认为城隍的职能有二，一是能应人所请，旱时降雨，涝时放晴，使百姓丰衣足食。二是能掌管生死，为管领亡魂之神。

唐朝后，封建统治森严，生灵涂炭，各地把为民办事的清官称为"民之父母"、"闾里屏障"，愿他们长留人间，造福人民。所以，他们死后也被百姓抬出作为城隍。唐宋时期，各地以有功于此的人为城隍，祭祀城隍的活动遍及到了各个地方。

到了明代，明太祖朱元璋对城隍颇感兴趣，且认为前人对城隍的说法和祭法不够严肃和隆重，于是重新钦定"城隍神的封号爵级"，京师城隍为帝，府城隍为"监察司民城隍威灵公"，官秩二品，县城隍为"监察司民城隍显佑伯"，官秩四品。规定各级城隍冠带礼服也有差别。

庙会也是规模盛大的商贸交易会。在庙的附近空场中、街道旁，卖头饰、玩具、杂货、地方小吃、农副产品、骡马牲畜的应有尽有。

庙会期间，各路戏班也来助兴，最精彩的莫过于

道教 又名道家、黄老、老氏与玄门等，是我国土生土长的固有宗教，深深扎根于中华传统文化的沃土之中。对我国的学术思想、政治经济、军事谋略、文学艺术、科学技术、国民性格、伦理道德、思维方式、民风民俗、民间信仰等方面都产生了深远的影响，是中国人的根蒂。

■ 城隍庙主殿

城隍庙内的神像

民间的欢聚

祭品 即祭祀时用的物品。根据不同种族和不同地域，祭品的形式十分丰富，有动物如猪、牛、羊、鸡，也有植物，还可以是衣物等物品。在远古时代和愚昧时代，甚至有拿活生生的人作为祭品；暴政时期也曾出现过用活人陪葬与祭祀的情况，十分残忍。

"对台戏"。每天由两个戏班子同时对演大戏，北路梆子、中路梆子，晚上除演戏外，还由佛门高僧念平安经。这时，练拳、卖艺、变戏法、耍马戏的各路豪杰也云集庙会，成为庙会的高潮。

这时，当地商人及京、津客商也前来推销外埠商品。各种叫卖声汇成一种音乐旋律。这中间，以大同独有的"扳不倒"最惹人喜爱。这种"扳不倒"是用胶泥托底，上面纸浆做胎，外面画成各种天真活泼的娃娃外形，大者两三尺高，小则七八寸高，成为人们的心爱之物。

每年农历的七月初二，是晋祠古庙会的集会日子。晋祠古庙会，已经有数百年的历史。晋祠最早为晋国始祖唐叔虞祠，唐建奉圣佛寺，宋建圣母殿，明代又盖起了水母楼、台骀庙等。

祠内晨钟暮鼓，香烟缭绕，而以祭祀圣母之神为最。"圣母原来是邑姜"，即为唐叔虞之母。长期以来，晋祠水乡的百姓出于生存的需求，一直把圣母当作晋源水神祭祀，春夏祈雨，以祷丰年，渐成气候。自1369年给圣母加封号后，七月初二为祭祀圣母的活动已形成传统盛典。《太原县志》载：

农历七月初二为圣母诞辰。

祭祀圣母形成了祀神、演剧酬神和赛会交易三位一体的庙会习俗。

《晋祠志》中有关于"祀圣母之神"的记载：农历七月初二，太原县城和晋祠绅耆于圣母殿举行祭典；高潮似乎在初四、初五两日，那些头面人物领着八人抬阁，至圣母殿前恭请一尊圣母出行神像，百姓则备鼓乐旗伞和铁棍十数台一起巡游。队伍浩浩荡荡穿村入城；日暮时分，阁上张灯，远看犹似星河闪烁。

除此以外，晋祠庙会的另一特色是演剧和赛会："数日之内，水镜台上锣鼓铿锵弦乐悠扬，各地民间戏班子相继登台献艺演绎人间悲欢"，"祠庙之内及附近街市，农商云集，摆摊设点，货品琳琅，人流如织"。

晋祠农历七月初二传统庙会，也被人们称之为"赛神会"。传统赛神会从农历七月初一开始，在水镜台演戏酬神，七月初二是祭祀圣母诞辰的正日。

各县、乡、村社的官员、乡神、社首，斋戒、沐浴、躬至晋祠，致祭圣母之神。在圣母殿前的献殿，陈设香案祭品，然后上香鸣钟，由知县恭读祝文，行礼如仪。并自正日起，水镜台演戏五日，同时在全县范围内把赛神会有序地推向高潮。

晋祠附近百姓齐到圣母殿跪拜叩头，上香祈福，从晋祠庙内至晋祠村大街小巷高棚林立，人山人海。从七月初四起，是圣母出行日，县城南关龙王庙、古城营九龙庙是出行的行宫。县城绅耆率领四街百姓举办迎圣母出行仪式，四街组织社火表演。

历史上，古庙会的祭神活动形

庙会上的戏法表演

成了一种传统和惯例。每当七月初二前后，晋祠要唱几台晋剧，同时还有传统的民间社火活动。像背棍、铁棍、龙灯、旱船，应有尽有，热闹非凡。方圆数百里的百姓，聚集到这里，烧香拜佛、求神祈雨，以求丰收、安乐的年景。

后来，随着社会的进步，传统的古庙会仍然在进行，但在内容上，融入了新鲜的成分，摈弃了一些带有迷信的东西。"七月初二"成了晋祠附近百姓一年一度的城乡物资交易大会。

这时的晋祠，人来人往，川流不息，货物品种齐全，内容丰富多彩，每天到这里赶会的多达几万人，可谓人山人海，一派繁荣景象。节日期间，这里还要搭起戏台，唱几台大戏，烘托热闹场面。

阅读链接

在台湾，庙会也非常盛大，大小庙宇逢神明诞辰、成道日，一年到头都有不同规模的刈香绕境、进香祈福活动。庙会绕境区域，往往呈现该庙宇的祭祀圈或信仰圈，而前往分灵庙、回祖庙或庄庙进香的人群，则代表不同庙宇的互动。

在庙会活动中，除各庙宇神轿外，还有仪仗、艺阁、阵头，绵延数公里。各艺阁、阵头除职业表演团体外，也传授宋江阵、十二婆姐、牛犁阵、官将首、八家将等传统民俗阵头。

在台湾南部盛行王爷信仰，庙会常结合王船醮仪举行，如著名的南瀛五大香、东港王船祭，南鲲鯓代天府逢王爷诞辰则有连月的进香热潮。台湾中部则以大甲妈祖绕境进香活动最为著名，北部则以艋舺青山王诞辰、霞海城隍庙庙会最为著名。

定点赶集

　　赶集又称市集和集市，是指定期聚集进行的商品交易活动形式，主要指在商品经济不发达的时代和地区普遍存在的一种贸易组织形式。集市起源于史前时期人们的聚集交易，以后常出现在宗教节庆、纪念集会上和圣地，并常附带民间娱乐活动。

　　农村集市贸易在古代早已产生。在手工业和农业分离之后，由于部落之间、农业生产者与手工业者之间的产品交换次数增多，交换规模和范围扩大，由原始的偶然交易场所，逐步形成为有固定时间和地点的集市。

为丰富生活而形成的贸易

相传炎帝在位期间，人民的生活越来越好，吃的东西越来越富足。大家都能按照天时地利，从事各种劳动。

住在水源好的平原地带的人，主要种稻子；水源差一些地方的人就种麦、黍、稷、菽，靠山的人以狩猎为主；近河的人以捕鱼为主；住在干燥的高地的人，就制陶器。

人们生活得有条有理，国家有丰富的粮食储备。有一天，炎帝来到一个平原的部落巡视，问大家现在的生活过得怎么样。一位老人说，现在食物充足，就是单调一些。我们这里出产稻谷，别的东西就很少，要是能相互交换一些东西就好了。

集市场景雕刻

炎帝一听，这个想法很对。于是召集群臣商议，要开设市场，让大家把出产的东西拿到市场上来，根据需要互相交换。

当时没有钟表，也没有记录时间的方法，凭什么来确定交换的时间呢？人们不能丢掉劳动，整天在市场上老等呀！炎帝想了想，告诉大家拿太阳来做标准。太阳当顶的时候，就在市场上进行交易，过了这段时间就散市。

这个办法又准确又简便，人人都欢喜。每天一到日中时分，附近的人都把各自出产用不完的东西，拿到一个商定的中心地点来交换。这下可热闹了。

五谷、鸟兽、鱼虾、野果，还有晒制的兽皮和编好的麻布、黏土做成的陶器、用石头磨成的杵臼等，五花八门，摆满了一地。大家都挑选自己部落需要的东西进行交换，高兴而来，满意而去。

从此以后，百姓的日子过得更丰富多彩。一个地方这样做，别的地方也跟着学，慢慢地全国都推行了这个日中为市的办法。许多地方

■ 古代集市摊位

日中为市 日中即正午。市指做买卖。日中为市就是中午做生意。原指古代物物交换的集市方式，后来演变成形容偏僻地区的商业活动情形。

亥市 是隔日交易一次的集市。明代方以智在《通雅·天文》中记载：亥音皆言如痎疟间日一发也。诸痎故曰亥市。亥市还有另一种说法，以寅、申、巳、亥日集市俗称亥市。

的民间圩场，还保留着日中为市的习俗，这也是集市最早的雏形。

东晋时出现了"草市"，"草市"是我国集市贸易领域出现的一个新生事物，具有浓厚的民间色彩，对集市的形成与发展有着重大的影响。

南朝、隋、唐各代已经有了初步发展，唐代盛行"草市"之名。

"草市"与墟市类似，表示不是常设市场，大都是临时性的草棚等简陋设备；唐代政府规定非州县之所不得设市，但是正式的州县之市不能满足农民的需要，于是出现了许多定期集市，称之为草市。草者，非正式、非常设、草创未完之义，以免触犯政府法令。

后来，"草市"由定期乡村集市转化而成集市，但在商业深度上"草市"远远高于它们的前身。与官市相对的"草市"自东晋南朝以来的发展大抵表现为两个方面：

其一是州县城郊非官方市场的兴起，史籍上最早出现的建康草市即指此类；其二是一部分传统的地方市集因交换趋于活跃，交换间隔时间的缩短以至消失，而演变为集市或曰草市。

这还包括一些本来受出产季节限制的茶市、橘市、蚕市、药市等专门市，突破季节限制而发展为经常性的集市。

乡村集市之转化为镇市并非唐代所独有，但乡村集市的大量镇市化，严格说是唐中叶以后才出现的。

在宋代草市如雨后春笋，称谓极多，有店，如道店、庄店、草店、野店等；有步，如山步、水步等；有市，如山市、河市、村市、庙市、岳市、蚕市、亥市、三家市和鲈鱼市等名目。

宋代草市向两个方向发展。一是草市作为一个新的区域而存在，二是草市提升为镇市，而这一重大历史变迁从宋代几百年都在不断进行。

其中原因在于宋王朝正式确认镇为县市与草市之间的市场建制，遂使镇市完全摆脱晚唐五代时期的军镇色彩，纯粹以贸易镇市出现于经济领域。

北宋时期，黄河流域草集市的发展超过江南。到了南宋，东南沿海地区的草集市发展加快，岭南也不例外。宋代草集市横向发展的特征是母集市分蘖出子集市，不少镇市提升设县，纵向发展的特征则是涌现出一批具有手工业专业色彩的集市。

据史料记载，古代集市以宋代的瓦肆最为出名，再就是民族之间交换商品的榷场了。

瓦肆是伴随着宋代市民阶层的形成而兴起的一种游乐商业集散场所。瓦

■ 宋代商人雕刻

民间的欢聚

肆又称"瓦舍""瓦子""瓦"。取名"瓦舍"，是勾画其特征，与建筑无关。吴自牧在《梦粱录》中解释说：

> 瓦舍，谓其来时瓦合，去时瓦解之义，易聚易散也。

孟元老在《东京梦华录》中说北宋京都开封：

> 街南桑家瓦子，近北则中瓦、次里瓦，其中大小勾栏五十余座。内中瓦子莲花棚、牡丹棚，里瓦子夜叉棚、象棚最大，可容数千人。

由此可见北宋都城瓦肆之多，规模之大。南宋临安也一样。据西湖老人繁胜录记载，临安有名的

■ 宋代瓦肆模型

瓦肆应有清冷桥畔的南瓦、三元楼的中瓦、众安桥的北瓦、三桥街的大瓦等。北瓦最大，内有勾栏13座。瓦肆中为了便于表演和分隔观众，常用栏杆或布幔隔挡，当时人称之为"勾栏"。

■ 北宋集市木雕

瓦肆集聚了众多百戏杂技艺人，竞争很激烈。技高者立足，技逊者走人，刺激着百戏杂技向更高的境界发展。据《武林旧事》记载：

> 技逊者被逼出京都，不入勾栏，只在耍闹宽阔之处做场者，谓之"打野呵"，此又艺之次者。

打野呵者流散到全国各地州县，能立住脚的自然不流动。于是，全国各地州县也都出现瓦肆。总之，瓦肆技艺萌芽于隋唐，兴盛成熟于两宋。瓦肆的兴起，使本来发源于民间的百戏杂技重新回到民间。

榷场是指我国辽、宋、西夏、金政权各在接界地点设置的互市市场。榷场贸易是因各地区经济交流的需要而产生的。对于各政权统治者来说，还有控制边境贸易、提供经济利益、安边绥远的作用。所以榷场的设置，常因政治关系的变化而兴废无常。

《武林旧事》成书于1300多年以前，作者按照"词贵乎纪实"的精神，根据目睹耳闻和故书杂记，详述朝廷典礼、山川风俗、市肆经纪、四时节物、教坊乐部等情况，为了解南宋城市经济文化和市民生活，以及都城面貌、宫廷礼仪提供较丰富的史料。

互市 我国历史上中央王朝与外国之间贸易的通称。汉初曾同南越和匈奴通商。随着西域道路的通畅，得到了不断发展。海上贸易也开始出现。隋唐以后，各王朝都设有专门的管理机构。宋、明时期同边疆各族进行的茶马互市也很频繁。

宋真宗 （968年～1022年），宋朝的第三位皇帝，谥号赵恒。他在位期间，在与辽的战争中于澶渊定盟和解，以每年进贡辽金银为"岁币"。历史上称"澶渊之盟"。此后，北宋进入经济繁荣期。

■ 北宋边境贸易木雕

宋太宗赵炅时期，宋辽间就已在宋境的镇州等地设置榷场，不久即因宋辽战争而罢。澶渊之盟后，宋辽之间，主要有在宋境的雄州、霸州、安肃军、广信军的河北四榷场，以及辽境的新城榷场。

宋夏之间，先于1007年在保安军置榷场互市，后来又在镇戎军等地置榷场。在宋仁宗赵祯、宋神宗赵顼等各朝，都曾因战争而一度废罢。

辽夏间，则有在辽境的振武军设置榷场。金朝立国，于1141年与南宋订立和约，划定疆界。

此后，宋金之间先后在宋境的盱眙军、光州，安丰军花靥镇枣阳军以及金境的泗州、寿州、蔡州、唐州、邓州、颍州、息州、凤翔府、秦州、巩州、洮州等地置立榷场。

金夏间榷场，则主要在金境的兰州、保安州、绥德州以及东胜州、环州等地。此外，辽朝于保州等地，金朝于西京大同府西北过腰带、银瓮口等地亦设有榷场，与高丽及周边民族开展互市贸易。

榷场贸易，中原及江南地区向北方输出的主要是农产品、手工业制品以及海外香药之类。辽、金、夏地区输往南方的商品则有牲畜、皮货、药材、珠玉、青白盐等。

榷场贸易受官方严格控制，官府有贸

易优先权。榷场领辖于所在地区的监司及州军长吏，又另设专官，稽查货物，征收商税。

榷场人物蜡像

宋金榷场制度，小商人10人结保，每次携一半货物到对方榷场交易。大商人悉拘之，以待对方商贩前来。榷场商税是官府一笔不小的财政收入。还有官牙人评定货色等级，兜揽承交，收取牙税。

交易双方须由官牙人从中斡旋，不得直接接触。各政权对榷场交易的商品种类也有严格规定。如北方的战马，南方的铜铁、硫黄、硝石、箭笴之类军用物资，一般都严禁买卖。虽然当时民间走私贸易十分活跃，榷场贸易仍是不同政权各地区之间经济交流的重要途径。

阅读链接

在北宋时，由于市民阶层的不断扩大，以及文化娱乐的需要而出现了"勾栏"。宋朝的大城市内的勾栏，可供艺人演出杂剧及讲史、诸宫调、傀儡戏、影戏、杂技等，可容纳观众数千人。

据孟元老《东京梦华录》记载，其实勾栏的外形与方形木箱无异，四周围以板壁。"东京般载车，大者曰'太平'，上有箱无盖，箱如构栏而平。"为了宣传，有些勾栏门首会悬挂"旗牌、帐额、神帧、靠背"等装饰物。

瓦肆勾栏的出现，对我国戏曲的形成，具有重要意义。这是民间艺人向市民观众长期卖艺的地方，各种技艺之间可以互相交流、吸收。演出可以经常化、固定化。

蕴含在集市中的多种民俗

　　集市的种类和值得记述的民俗现象有日集和间日集。日集，即天天有集。例如，陕西户县城内外的4个集市均属日集。间日集，即每隔数日举行一次的集市。长安县引镇每月三、六、九为集期。蓝田县焦岱镇的集期是一、四、七，铜川市王家河乡的集期是四、九等。

　　一个县内相邻着的乡镇，将集互相隔开，以免相犯，如一个乡镇为一、四、七，一个为二、五、八，相邻的另一个乡镇就是三、六、九为集市。

古代集市交易场景

集市上分行业设市。各市都有固定集中的营业区域，最常见的市就是粮食市。经营对象为原料、面粉、菜油。被人们称之为经纪人的人们则提着秤，也叫"提秤的"。大宗买卖由经纪人在卖方和买方之间撮合。

柴草市一般设在粮食市附近，出售麦草、硬柴、煤炭。旧时，忌长途贩运硬柴，民谚中说："千里不贩樵。"因为运费贵，不合算。

蔬菜市有许多讲究和忌讳，如装卸蔬菜时，不能乱扔乱抛，存放蔬菜时，要将各种蔬菜分别堆放整齐，不得乱堆。叶菜忌折叶，茎菜忌断节，果菜忌破皮，根菜忌带泥，冬菜忌断梗，蒜和葱头忌水浇。

蔬菜是需要经常保鲜的商品，旧时运输条件落后，长途贩运会使青菜失鲜，所以当时有这样的谚语："千里不贩青。"

农民家家养鸡，靠出售鸡蛋换取零花钱，号称"鸡尻子银行"。因此在农村集市中，卖鸡卖鸡蛋的

谚语 是熟语的一种。是流传于民间的比较简练而且言简意赅的话语，其多数反映了劳动人民的生活实践经验，而且一般都是经过口头流传下来的。它多是口语形式的通俗易懂的短句或韵语。和谚语相似但又不同的有成语、歇后语、俗语、警语等。

■ 古代牲畜贸易

集市上编草筐的商贩

很多，农民卖鸡蛋不论斤，论个儿，于是就形成了禽蛋市。在渭北、陕北罕见鹅、鸭。清代在耀州市场上，甚至有两只羊换一只鹅者。

人们为了方便经销马、驴、骡、牛等大家畜，就有了骡马市，卖、买双方不直接交易，而经过经纪人成交，经销猪、羊、猫、犬等有猪羊市。由于和骡马市相比，利薄，所以经纪人少。

棉花布匹衣服市在乾县、礼泉、永寿、长武等县只有一个。长安、蒲城、大荔等县分作棉花、布匹、衣服3个市，三原县又把布匹分为棉花市、布匹市，这些市相距近，但分开经营。

从前，人们赶集时，常在集市地点沿街买卖商品。集市本身并无建筑物，但是后来，人们在门口建起了牌楼，题有赞美当地风光和介绍市场特征的对联。

腊月集，是每年腊月出现的年货市场，其起始日期各地不一，三原县是腊月初八，叫"腊八会"。乾县是冬至节，称"冬至集"。

从起始之日起，一直延续到年底。腊月集上，人们购买过年时穿戴的衣服、鞋、帽子以及烟、茶、油、糖果、鱼肉、禽蛋。这些商品的销售量，都比平时猛增数倍。

此外，还出现一些特殊的市，如画市，主要出售年画、对联和神像，还有的对联有印刷品，也有由摊主用浓墨大笔当场书写的，借以招徕顾客。

神像为财神像和"五祀"像，"五祀"即门神、户神、井神、灶神、中雷神。购买神像时忌言"买"，要说"请"。爆仗市主要出售鞭炮、焰火等。鞭炮论"串"卖，大型花炮论"根"卖，小型花炮论"把"卖。偶然发生火灾，要讲"火神爷显圣了"，是好事。

祭器市主要出售烛台、香炉、蜡烛、香、表等。关中卖香表的，以周至人为最多。

在神木等地，有一种特殊的传统市场，每天一早开市，交易只有两三个小时，人称"早市"。过去以交易粮食为主，凡进城粜粮籴米者，都在此时买卖，

牌楼 也叫牌坊，最早见于周朝，最初用于旌表节孝的纪念物，后来在园林、寺观、宫苑、陵墓和街道均有建造，是我国文化的独特景观，是由文化诞生的建筑，如文化迎宾门等，又是中国特有的建筑艺术和文化载体。

083

乡村交易

定点赶集

■祭灶仪式

后来渐以蔬菜、瓜果为最多。城郊菜农及城内居民早晨赴市，俗称"赶早市"。

有些地方天不亮成市，天明不久即散集，俗称"露水集"、"鬼市"。旧时，西安东城门里顺城墙一带及八仙庵、三桥镇都有鬼市。东城门的鬼市，历史较久，它最早在王城外面沿着城墙一带。这个鬼市主要是一些破落户或官宦后代，在生活潦倒时，他们为了不抛头露面，所以趁天未破晓，路上行人稀少之际，到背暗的角落里出卖衣物。有些人专门到鬼市去买便宜东西，叫作"赶鬼市"。

市语，是市场上商贩们所说的行话和隐语。市语的历史很久，宋代曾慥编撰的《类说》引《秦京杂记》云：

> 长安市人语各不相同，有葫芦语、锁子语、练语、三折语，通名"市语"。

古代夜市裁缝铺

古代的市语，有些是用反切法将旧词改为新词，如将"斤"说成是"吉恩"，把"两"说成"力盎"之类。西安商业界普遍流行市语，如当铺称一为"道子"，二为"眼镜"，三为"炉腿"，四为"叉子"，五为"一挝"，六为"羊角"，七为"摄子"，八为"扒勺"，九为"钩子"，十为"拳头"。

■ 古代当铺内景

店员在和当户讨价还价时，当户如果嫌价低，拿着当物要离开，掌柜就出面圆盘。假如店员对掌柜说镊子，意思是已经答应给当户七吊钱。掌柜要是认为可以再加一吊，就说扒勺。

旧时，安康各种商贩都使用数字隐语。如一、二、三、四、五、六、七、八、九、十，隐语依次称作捏、丑、斜、查、眼、舌、条、犒、罗、强。

阅读链接

在商界的市语除有声语言外，还包括无声的，例如"捏码子"，即买卖双方将右手置于草帽下，或袖口中、衣襟里，用摸指头的方法来表达物价。

食指代表一，食指、中指为二，食指、中指、无名指为三，食指、中指、无名指、小指为四，五指齐伸为五，拇指、小指为六，拇指、食指、中指成一捏为七，拇指、食指为八，食指作勾为九，伸出拳头为十。

牙行的设置与制度化、规范化

　　牙商是指旧时集市贸易中为买卖双方说合交易并抽取佣金的中间人，也叫牙人、牙行、经纪、牙侩、驵侩等，牙商的起源很早，汉代称说合牲畜买卖的牙商为"驵会"。

　　唐朝发展到各种买卖，唐末以后，营业范围扩大，牙商众多，才

古代商铺内景

中国传统商铺

有行会组织"牙店"，或称"牙行"，负有代官府监督商人纳税之责任。

明代有官牙、私牙之别。官牙由政府指定，私牙也须政府批准并取得印信文簿后始得营业。明代商书《士商类要》中写道：

买卖要牙，装载要埠。买货无牙，秤轻物假；卖货无牙，银伪价盲。所谓牙者，别精粗，衡重轻，革伪妄也。

明初政府曾一度禁牙，下令：

天下府州县镇店去处不许有官、私牙，敢有称系官牙、私牙者，许邻里坊厢拿获赴京，以凭迁徙化外。两邻不首，罪同。

但牙人在商品交换中的作用是不可缺少的。明代

牙行 是我国古代和近代市场中为买卖双方介绍交易、评定商品质量、价格的居间行商。汉代称"馹""馹侩"，唐、五代称"牙""牙郎""牙侩"，宋、元、明又有引领百姓、经纪、行老等称呼。"牙行"一词始见于明代。他们以经营牲畜、农产品和丝绸布匹等手工业品为主，也有居间包揽水运雇船的，称"埠头"。

民
间
的
欢
聚

■ 古代货币——银锭

中叶，随着商品经济的发展，牙人的活动逐渐得到政府的正式承认。

景泰年间收税时则已列有"牙钱"，嘉靖时的"市易法"更明文规定，"凡城市乡村诸色牙行及船埠头，准选有抵业人户充应，官给印信文簿"。

明中叶以后，不仅城市商埠设有牙行，很多地区的乡村集市也设牙征税。如嘉靖年间，山东莱芜县城和乡集均设有斗秤牙行，共计208名。

乐陵县集市原设有"斗秤牙行各色共六十六名"，每名每月纳银一钱，共征银79两。万历年间"有新立集场，续添三十名"，增加税银36两。

河南彰德府在万历年间查议各州县"市集繁简，贸物多寡，分为等则"，定立各行户税额。

也有的地区集市牙行、牙税兴废无定，似尚未形成定制。如福建福安县富溪津市，距县城15千米，"明设巡拦，复改设官牙以平贸易，择公慎者为之"。万历年间废除，但是商贩之间有诸多不便之处，于是，到了万历后期，又重新恢复了官牙的设置。

牙行之设本为评定物价，主持公平交易，有促进商品流通的积极作用。然而利之所在，弊亦由此而生，不法奸牙借抽税为名中饱私囊，成为集市的一大弊端。

如嘉靖年间广东东莞牙人卢孟吉"违例用强抽收牙税"，五年得

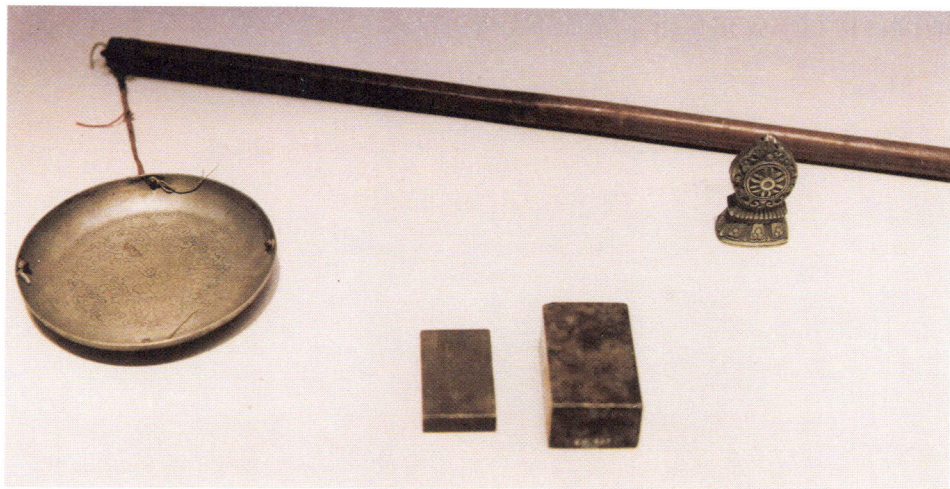

明代精密的手称

银800余两，却瞒报为78两。大埔县三河坝市乡宦曾某滥收商税，致"商民走讼"。

清初，牙行之弊较明代更为厉害，往往导致"商贾裹足"。这一状况引起抚按大臣的着重关注，康熙年间起各地陆续下令清查整顿。

设立义集，或将原有的集市改为义集，也是地方政府扼制牙行之弊的一项措施。各地义集既有官府设立，也有乡绅所为。如山东恩县的惠民、复兴、贸迁等十集均为康熙年间县令陈学海所立义集，"俱用义斗义秤，禁牙侩抽税，民甚便之"。

牙行之弊并非一省一地所独有，各地大致皆然，故雍正年间清政府在全国范围内对牙行进行了整顿，雍正时期，户部将各州县颁发牙帖的权力收归布政司，以杜绝地方官与地棍朋比为奸。

后来，雍正皇帝又重申这一规定，并下令各州县将牙行定额，除新设集市之外，只准在原额之内退帖顶补，不得额外增加行数，从而扼制了牙行无限度的

雍正皇帝（1678年～1735年），清世宗爱新觉罗·胤禛，清朝第五位皇帝，清入关后的第三位皇帝。年号雍正。他在位13年。他是勇于革新、勤于理政的杰出政治家，对康熙晚年的积弊进行改革整顿，一扫颓风，使吏治澄清，统治稳定，国库充盈，人民负担减轻。为以后乾隆时期的繁荣盛世打下了基础。

增设，1733年雍正皇帝上谕如下：

> 各省商牙杂税额设牙帖俱由藩司衙门颁发，不许州县滥给，所以防增添之弊，不使殆累于商民也。近闻各省牙帖岁有增添，即如各集场中有杂货小贩向来无藉牙行者，今概行给帖，而市井奸牙遂恃此把持，抽分利息。是集场多一牙户商民即多一苦累，甚非平价通商之本意。

> 著直省督抚饬令各该藩司因地制宜著为定额，报部存案，不许有司任意增添。嗣后止将额内退帖顶补之处查明给换。再有新开集场应设牙行者，酌定名额给发，亦报部存案。庶贸易小民可永除牙行苛索之弊矣。

乾隆皇帝登基后，下令对各地集市税收进行清理整顿，凡属额外苛索或重复征收者"全行禁革"，乾隆初年各省督抚陆续核查奏报。

上述一系列的清查整顿和定制，虽不能完全杜绝牙行之弊，但多少扼制了牙行的负面作用，使集市贸易得以正常发展。同时，通过一系列的整顿，各地集市的牙行设置与管理基本制度化、规范化了。

阅读链接

关于牙行承充、退顶的手续，《武定府志》记载较为详细：

一是承充牙行，必须"查系殷实良民，本身并非生监者，取具邻佑及同行互保，各结详，给帖纳税，由布政司钤盖印信颁发，不许州县滥给"。

二是"如额内各牙遇有事故歇业及消乏无力承充者，官令退帖，随时另募顶补，换给新帖，总不得于额外增长"。

三是"其有新开集场必应设立牙行者，确查结报转详换给"。不久，清朝廷又制定了牙行5年编审，更换新帖的规定。